识干家

企業閱讀　學以致用

把面试做到极致

首席面试官的人才甄选法

孟广桥◎著

中华工商联合出版社

图书在版编目（CIP）数据

把面试做到极致：首席面试官的人才甄选法/孟广桥著．—北京：中华工商联合出版社，2018.1

ISBN 978-7-5158-2155-9

Ⅰ.①把…　Ⅱ.①孟…　Ⅲ.①企业管理－人才－招聘
Ⅳ.①F272.92

中国版本图书馆 CIP 数据核字（2017）第 311039 号

把面试做到极致：首席面试官的人才甄选法

作　　者： 孟广桥
责任编辑： 于建廷　王　欢
责任审读： 郭敬梅
封面设计： 久品轩
责任印制： 迈致红
出版发行： 中华工商联合出版社有限责任公司
印　　刷： 北京宝昌彩色印刷有限公司
版　　次： 2018 年 2 月第 1 版
印　　次： 2019 年 3 月第 2 次印刷
开　　本： 710mm × 1000mm　1/16
字　　数： 229 千字
印　　张： 16
书　　号： ISBN 978-7-5158-2155-9
定　　价： 88.00 元

服务热线： 010－58301130
团购热线： 010－58302813
地址邮编： 北京市西城区西环广场 A 座 19－20 层，100044
http：//www.chgslcbs.cn
E-mail：cicap1202@sina.com（营销中心）
E-mail：gslzbs@sina.com（总编室）

导读

面试有两个关键要素，也是面试的两个难题：一是面试依据的标准，即面试官以什么作为参照物对求职者进行评测定位；二是如何进行面试，即面试官应具备的素质技能。作者经过几十年的调查、试验、实践，探索出一套较为实用的确定岗位招聘标准、提升面试官技能素质的简便方法。

以职业品格、学习力、认同力、沟通力、意志力为五个岗位通用胜任素质标准，以岗位专业技能（用 X 代表）为基础，构成 5 + X 人才甄选模型，辅之以岗位对五个通用素质及专业技能的强度需求，形成了岗位素质甄别简要标准体系。据此，企业在招聘时，可省去对每个岗位都必须进行精准岗位分析、提炼岗位胜任条件、构建岗位胜任素质模型的烦琐工作，直接进入招聘、面试流程，降低了成本。

本书共三编十五章，第一编用六章篇幅详细介绍了面试官应具备的素养、面试要素需求分析、需求要素的可视化方法、常用的面试方法、如何筛选简历、面试的组织等。第二编用六章的篇幅介绍了什么是 5 + X

甄选法、5 个核心要素的甄别、业务要素甄别等。第三编用三章的篇幅介绍了甄别情商与智商、心理能量释放方式的认定、领导能力甄别等内容。

本书不但可以作为 HR 人员提升素质技能的工具，而且是管理者对员工考查、选拔、晋升的得力助手。

序

从事人力资源管理工作几十年，我一直关注着一个数据：企业员工的离职率。仅2011－2016年对200家企业的调查统计，员工离职率平均达到24%，而且呈逐年上升趋势。据初步估算，以2016年全国企业的平均薪酬水平计算，一名普通员工离职会给企业带来9.5万元以上的损失。假设一个企业有200名员工，离职率为20%，那么离职损失将达380万元之巨。员工离职的原因是什么？相关专家给出的回答是80%因为招聘，20%因为糟糕的管理。我们抽样实测的结果是70%的原因是招聘过失，30%是管理不当。尽管有一些差别，但大同小异。

为揭开这一谜底，2017年年初，我们组织力量，针对中小企业人力资源管理的效能状况进行了调查。此次调查对象的行业条件没有限定，采用问卷法，设计了有关人力资源管理效能的问卷，选取雇用100～500名员工、运营时间1年以上的300家企业，进行了5个月的详细调查，获得了一些重要数据。我们在此展示两项统计数据：

（1）人力资源管理工作人员设置情况：

在300家企业中，设有专职人力资源管理岗位的企业有117家，占总企业数的39%；员工有138人，其中专职人员中有人力资源管理专业教育背景（含企业管理、工商管理、行政管理专业人员）的62名，岗位从业人员专业化率52%。专业的人才能做专业的事，这是任何管理者都应明白的道理。从上面的调查数据中不难看出，调查对象企业仅有半数企业是专业的人在做专业的事，先不说这些专业人员的素质水平，仅从占比上就很难认定企业人力资源管理的效能，这样的结论似乎有点武断，但调查的事实给予了证明。

研究证明，当人力资源管理人员与企业员工总数的比例在85∶1～100∶1时，人力资源管理效能较高。根据这一要求，再看看我们调查企业人力资源管理人员配备的现状，300家企业共计有员工61329人，而人力资源管理人员仅有138人，占比为1∶444，管理效能可想而知。

（2）人力资源管理人员工作时间分配占比：

记录、统计、检查考勤，28%；

绩效统计、计算工资、报表，24%；

办理入职、处理员工关系、保险等事务，21%；

统计用工需求、招聘，16%；

进行入职上岗培训，8%；

其他，3%。

先不管这组调查统计数据说明了什么，我们简要回顾一下人力资源管理应做的主要工作：

人力资源战略。它是人力资源管理必须面对的重要工作之一，简单理解就是企业在发展中需要什么类型的人。

招聘面试。根据需要选择适合企业发展的人。

薪酬管理。企业管理有两项基本任务：一是如何创造价值；二是如何分配创造的价值，即薪酬管理。薪酬管理不能简单地理解为发工资，或者是照猫画虎给员工定工资，它是一门技术，更是一门学问，是招人、用人、留人的基础。

绩效管理。它是激励员工、提升工作效能的主要手段，也有人称其为企业管理的最高境界，人力资源管理部门承担着设计、组织、协调、辅导、监督的职能。

员工培训、开发……

……

看到人力资源管理的主要职能，再回头看一下被调查企业中，人力资源管理人员工作时间分配占比会有什么感想？人力资源管理人员似乎没干什么“正事”，只做了一些文员工作。当然，我们不能仅仅以这些被调查的中小企业样本来全盘否定企业在人力资源管理工作上的努力。不可否认，很多大中型企业人力资源管理工作做得很出色，如华为、海尔、联想等，但也不能以偏概全。

那么，为什么会有这么多的企业人力资源管理不尽如人意呢？关键原因是专业人员不专业。

我国对人的研究很早，有两千多年的渊源，但将人视作资源应用于企业管理的时间并不算长，相关的专业教育也起步较晚。特别是一些教育机构为迎合市场需求，在缺乏专业师资的情况下，一窝蜂地开设人力资源管理专业。这不是危言耸听，笔者曾接触过许多手持高级人力资源管理师证书、本科人力资源专业毕业证、从事多年人力资源管理工作的人，理论上，他们应该满足企业一般的人力资源管理工作需求，但是，保守说其中有超过半数的人不能以及格的水平从事下面的工作：

根据企业战略制定企业人力资源战略；

进行岗位分析、岗位价值评估；

对求职者实施有效面试；

设计企业薪酬管理制度；

构建绩效管理体系；

依法、依规处理好劳资关系；

独立进行员工培训和开发等。

如有疑义，可以在自己的企业中测试，也可以调查身边的企业。鉴于这种情况，众多企业人力资源管理的效能低也就不足为奇了。

前面的问题看似与招聘没有太大的关系，但它是影响招聘的重要因素：称职的人力资源管理人员必须有扎实的专业知识，必须能根据战略进行人力资源规划、选人，必须能正确、科学地进行岗位分析……只有将适合的人招进企业，才能提升工作效率，才能保持人员稳定，才能使企业基业长青。

面试是招聘成功的关键环节。一方面，优秀的面试官必须对企业的战略、价值理念、岗位需求等了然于心，它是解决招聘甄选的标准问题。另一方面，通过对简历的筛选、面试判断出求职者的素质和能力，从而推测出其完成岗位工作任务的可能性，解决好他有什么、是不是我们所需要的等问题。另外，还要摸清其求职动机，知道他真正想要的是什么，我们有没有条件给。如求职者的目的是解决自我发展平台的问题，而企业根本没有这样的空间，招进来不也是为离职埋下种子吗？最后，面试官应综合这些要素，对每一个求职者进行甄别评价，把好入职关，提高招聘成功率，进而降低离职率。

写拙作的目的是想以自己多年的实践经验和感悟，对人力资源管理中从事招聘面试工作人员的素质、技能进行探讨，以提升面试官的素质及业务水平，提升面试的成功率、准确率，促使专职的人更加专业，降低企业招聘和求职者求职的成本。

由于笔者学识、水平和实践的不足，难免对问题的认识有偏差，提出的方法难免有些欠缺，希望广大专家、企业家、读者指正。

2017 年 9 月

第一编　厉兵秣马，厚积薄发

第一编

厉兵秣马，厚积薄发

《礼记·中庸》有言："凡事预则立，不预则废；言前定，则不跲(jiá)；事前定，则不困；行前定，则不疚；道前定，则不穷。"意为：做任何事情，有准备则可成功，没有准备就要失败；说话先有准备，届时则不会理屈词穷或论点站不住脚；做事先有准备，则不会被难题所困；做事前先定好计划，则不会担心在过程中出现问题；先研究透彻事物的规律，就不会在行动中走向末路。

面试是一项高超的识人技术，它要求面试官必须熟练掌握心理学、行为学、社会学、逻辑学等诸多知识，只有这样才能对求职者的行为、语言、所描述事件进行正确分析，得出其行为、思维、价值倾向和性格特征的初步判定。同时，还要精准掌握职位要素需求分析技术、企业价值观与职位要素匹配方法、职位要素的可视化转换等，以确定用什么标准与求职者的特征要素进行比对，从而选出与岗位需求要素共性趋多的求职者。再者，筛选简历也是面试准备的重要内容，技能高超的面试官能从简历中读出求职者概略特征，进而过滤掉与岗位需求要素差距过大的人，减少面试工作量，提高面试成功率。

另外，面试的计划和组织准备也是面试成功不可忽略的环节，充分的准备、科学的谋划、顺畅的实施，同样可以提高面试效率和甄别的准确率。

本编将为您呈现：高级面试官应具备的技能和素养、面试“三宝”、面试要素需求分析、如何将职位要素进行可视化、常用的面试方法及技巧、如何高效能地筛选简历、面试计划与组织实施等。

把面试做到极致

第一章　面试官基础：盘点大脑工具箱

企业常常会因选错人、用错人而懊恼，这对一般的管理人员来说是最常见的现象和问题，并不能称为大过。但对专业人力资源管理人员来说，如果发生的概率过高则不可忽视，因为它给企业造成的损失难以估量。

单就招聘成本而言，面试官的面试水平严重制约着招聘成本。据统计，因面试判断失误造成的招聘损失占总招聘成本的70%以上；员工试用期不适应岗位，80%起因于面试评估不准确。美国人力资源管理协会调查研究证实，普通人员招聘失误，造成的损失是该职位平均年工资的1.58倍。不仅如此，如果招聘的是高级管理人员或高级技术人员，不但招聘费用损失大，其工作决策或管理失误所产生的损失更大。因此，提高面试官的业务技能水平也是提高企业效益。提高甄选人才的准确率和成功率，首先应提高面试官的职业技能和专业素养。

一、面试官识人“三宝”之用嘴巴引路

真正做好面试工作，要具备精湛的技能。现场面试离不开三个工具：一是眼睛，二是耳朵，三是嘴巴。我们称其为甄别“三件宝”。学者研究

发现，人在交流中，信息的传递7%靠字义（眼睛与思维功能）、38%靠语音（耳朵与思维功能）、55%靠肢体语言（眼睛与思维功能）。

嘴是面试的第一大工具，它以“问”为主、以“叙”为辅，并与大脑的思维功能相结合。虽然它不是接纳信息的主体器官，但是没有嘴通过问给面试引路，我们很难收集到想要的信息。

谈到面试的提问时，很多人总结了一些经典的问题，如世界500强8大经典面试提问、应对面试的30个经典问题等。我不否认这些问题和观点对面试官的测评有一定的启迪意义，但是如果照搬使用，非但不能测评出求职者的真实素质特征，甚至会将一个经过特殊包装的求职者，甚至是不具备需求岗位特质的人招进组织，给组织造成不应有的损失。

向求职者提问有着很高的技巧要求、严格的规则要求，以及丰富的经验要求，绝不是信口开河随意为之。首先，要对你招聘的岗位进行深入细致的岗位职能分析，筛选提炼出该岗位的核心胜任素质特征并进行可视化处理，也可称其为科学设计问题（这些我们会在后面的章节进行详细的讨论，在此简单做一提示）。而后，提炼出要问的重点问题。其次，在提问中，要紧紧围绕提炼出来的该岗位的核心胜任素质问题，对求职者进行提问。同时，要提示求职者尽量用亲身经历的事实来证明自己的观点。

提问应注意的问题如下：

第一个问题应尽量选择开放式问题。如“请介绍一下你自己”“你为什么应聘这份工作”“你的兴趣、爱好有哪些”“你觉得自己有哪些优势和不足”等。第一个问题使用开放式问题，目的是尽量使求职者放松，便于快速进入面试状态，为后续的面试做好心理准备。注意，第一个问题也可以不是与岗位胜任素质特征相关的问题，而是聊天，当我们感觉到求职者基本放松之后，再正式提出问题。

提问是为了解除面试官对求职者不清楚素质特征及内在思维、行为特点的疑惑，而不是简单机械地提出自己预想的问题，即使是已经设计好的岗位胜任素质特征要求求证的问题，也可以根据现场的情况做出调整，但根本主题不能改变原有题目的设置目的。如“你对职业生涯这一问题的看法”，这个问题的目的是考查求职者的自我发展动力、人生规划，当求职者的回答无法测试出其自我发展动力倾向时，则可以增设一个疑问性的问题或挑战性的问题，如“你用什么方法或措施来胜任岗位对你的要求呢”。只要我们的提问目的没有达到，就应变换方式或问题不断地提问，直到得出测评的判断结果。求证没有结果，“问”则不能结束。

尽最大努力回避涉及隐私的问题。求职者是来面试求职的，不是向面试官暴露自己的私生活或隐私的。因此，在对面试问题进行设计时，就应该回避有可能触及求职者隐私的问题。在面试的过程中，面试官不能一时兴起，感觉气氛很融洽，就提及涉及求职者隐私的问题，这是红线，不可逾越。但是，我们也要对问题的隐私性进行分析，如求职者的年龄、婚姻状况、养育子女的情况等，只要是与岗位职责要求紧密相关的问题（注意是紧密相关的问题），就不能认定是隐私性问题（有的国家则认定其为隐私问题，要根据情况区别对待）。

少提开放性问题，多提封闭性问题。开放性问题适合活跃气氛，消除面试的紧张感，但不利于测评求职者的真实素质特征，如“谈谈你对勤能补拙的看法”，会让求职者滔滔不绝，给出很多无用的信息，浪费双方的时间。不仅如此，求者还可以避开自己内心的真实态度，大谈社会主流需求或宣讲的东西，这极易蒙蔽面试官。如果将这一问题改成“当有人认为你的智商低时，你认为这是先天因素还是后天因素？请选择其一”。对此，求职者只能选择是先天因素或者是后天因素，如果选择了后天因素，则其对勤能补拙有正面的认识，有努力改变自己的意识。反之，其会将自己智力不佳的责任推给父母，自我努力的意识较弱。如果其能辩证地对先天与后天进行分析，则其对问题有较深和全面的认知，并做出努力，进而改变自我的倾向。

不提带有歧视性或不尊重感的问题。面试是双向的，是双方了解彼此的过程。因此，在提问时要摆正自己的位置，不要拿架子，给人盛气凌人的感觉。面试时客气的问候，面试中幽默的调解，面试后诚恳的提示等，都是面试官必不可少的行为。

避免诱导式提问。我们在发问前应分析和审视自己提出的问题是否具有诱导性，防止被求职者利用，进而朝面试官内心希望的方向回答。如“你是怎样看待团队合作的”，绝大多数求职者都会试图讲述团队合作的好处，因为这可能是面试官想了解的内容。避免诱导式问题，最好的方法是在准备问题时从求职者的角度考虑。当然，有些引导式的提问是必需的，如求职者对面试官所提问题的回答越扯越远，要通过问问题迅速将其思维拉回来。

设置好串联式问题。当我们要考查求职者的反应能力、思维的逻辑性和条理性时，单一的问题往往效果不会太好，所以很有必要提出一连串彼此相关的问题。如“你在过去的工作中出现过什么重大失误？如果有，是什么？从这件事本身你吸取的教训是什么？如果今后再遇到此类情况，你会如何处理？”

追问细节。求职者通常对面试有充分准备，但其准备的往往是相对关键的问题和面试官经常提问的一些问题，而对于细枝末节或自己回答中的细节片断，则不会注意，这正是面试官发现问题的大好时机。如有不少求职者会在简历中或面试时，表现自己有很强的学习力，但当问及最近读了什么书？书中某一节的内容是什么（因为我们可以通过手机迅速查阅到）？其却支支吾吾，说不清楚。

勿忘根本性问题。面试官对求职者的提问通常会局限于岗位胜任素质要求，但其职业倾向、价值理念、离职原因等都是不可忽视的问题，必须通过提问，甚至是背景调查，找到真正的答案。

我的心思你别猜。面试最尴尬的事是让求职者猜出了你想要达到的目的，如果遇到一个不诚实的求职者，或者是没有真才实学，只想谋求这个职位、获得一份工资的人，其会选择面试官的喜好，巧言应对。因此，“我的心思你别猜”就成了面试官的一道非常重要的考题，只有问话不能让求职者猜透，才能避免对方按你想要的回答。

面试官对求职者提问有很深的学问，需要不断地学习和历练才能灵活应变，抓住问题的关键和要害，引导求职者说出我们需要的东西。虽然面试要求面试官少说多听，但绝不是以此来掩盖问的重要性。

小贴士：面试问题的来源

面试首先要有问题，这些问题来自何方呢？人们立刻会想到岗位职能分析，没错，这是问题的根本来源。每一个岗位的职能都会形成一套问题，它是面试问题的基础，也是面试问题的概括，更是梳理面试问题的依据和原则。但是，仅仅如此是远远不够的，如求职者的职业道德问题、沟通能力、人际社会背景、性格倾向等，都需要另外设置成问题，以便在面试中找到答案，进而测试出求职者是否符合职位的综合胜任素质要求。

第一，分析企业文化。从企业的核心价值观、经营理念、愿景、使命、发展战略等方面，概括出对大多数求职者都适用的问题。例如，企业的管理理念是精益求精，那么，面试官应将此作为一个面试问题，排除那些做事马虎的人。

第二，从简历中寻找。简历是求职者对于自己所有相关情况的高度概括。理论上讲，它能回答大部分关于岗位胜任素质需求所要测试的问题，但是现实并非如此，或是因为篇幅的原因，或是因为求职者的知识水平，简历并不能对我们需要的问题一一给出答案，这就成了面试问题的第二个来源：把简历中没有说明，而我们又需要了解的疑问变成问题。如求职者在短短三年的职业生涯中，竟然有五次跳槽记录，我们需要弄清真正的原因，可以问“你为什么会频繁地跳槽”。

第三，从团队的成员特性中找。现在的大多数工作都需要团队合作完成，团队中每个成员都有自己的特殊性格，新入职的成员能否与他们和睦相处、团结协作，在很大程度上取决于新入职成员的性格特点，这形成了我们了解求职者性格的测试问题。

第四，从直接领导风格上找。每一个领导或管理者都有自己独特的领导风格，也有自己的脾气秉性，他们或直爽、或含蓄、或暴躁、或粗鲁。工作中，不是每个人都能适应他们的性格，因此，应尽量选择理论上能与领导者和睦相处、领导者能够接受的性格的求职者进入公司。即性格匹配的问题。

第五，从工作环境上找。工作环境是对求职者除工作职能外的另一项素质需求测评，有些工作岗位环境恶劣，有些工作岗位环境舒适，有些工作岗位需要与诸多不和谐因素为伍……这些都需要如实地告知求职者。于是，产生了工作环境适应的问题。

另外，薪酬、福利待遇、交通条件、住宿情况都需要变换成问题向求职者征询，以测试求职者的适合性。

二、面试官识人“三宝” 之善用耳朵与眼睛

1. 用耳朵淘宝

耳朵是人获取信息的重要工具，它获取的信息量仅次于眼睛。如果不善于倾听，很多有价值的信息将从你的耳边飘过，成为“耳旁风”。面试中的倾听与人们通常所说的沟通中的倾听有所区别，它不需要明示你是否理解，也不一定需要你听对方将话讲完，更不需要随声附和。面试倾听的关键是要达到倾听的目的，即你听出了想要的东西。

听字义与听语气相结合。中国的语言表达方式、方法博大精深、变幻莫测、寓意深远，单单从文字上并不一定能真实地显示表达者的意图。例如，“这是一百万”，如果没有语气、肢体的辅助，单单从字面上，你很难判断其真正要表达的意思，只有文字、语调、肢体动作相互配合，才能完成其本意的表达。对此，我们不妨做些实验，将这句话用不同的语气表达，并辅以肢体动作，你会发现，不同的组合产生了若干种不同的理解。面试官要善于从求职者的语气、肢体动作、面部表情中发现其真实表达的意思，同时，通过其字义与肢体动作、面部表情、语气的结合，综合分析其性格特点、思维特点，并与我们预先设计的岗位胜任素质需求要素进行比对。

以语义为本。面试中的倾听，要确实听清求职者叙说的本意，而不是

妄加猜测或推理。捕风捉影式的猜测与推理，是面试倾听中的大忌。如果我们没有听清求职者叙述的问题，可要求其重复，绝不能妄加揣测。

真诚与尊重。在求职者叙述问题时，要真诚有耐心地倾听，以彰显对对方的尊重，不能取笑，更不能心不在焉，应保持对求职者的注意，始终在求职者感觉舒适的区域内游动。如果对方说得离题太远，我们可以善意地提醒，或者提出另外的问题，以使对方言归正传。

说者字字能吐金，前提是你能认真倾听且能听得懂。倾听是一门很深的学问，最好的老师是盲人，他们仅凭两只耳朵，在完全没有肢体动作、面部表情等辅助信息的支持下，能准确地通过倾听判断说者想要表达的真正意图。

我们不妨当盲人，可以先用自己的亲友作为倾听对象，试验自己解析说者本意的能力，当具备相当高的准确度时，再选择陌生的环境、人进行试验。陌生环境、人才能真正锻炼倾听的能力，因为我们对亲友很熟悉，他们的一言一行，甚至是他们的心理活动，我们都有很深的了解。他们说话时，会有很多的、已经于己习惯的东西在时时刻刻地暗示着我们。

2. 用眼睛淘金

人与人在面对面交流时，55% 以上的信息量通过眼睛获得，高效的沟通者 20% 的时间在问、80% 的时间在听、100% 的时间在看，优秀的面试官更是如此。

心理学研究的成果印证了肢体动作、面部表情与心理活动和性格特征的高度关联性。如缺乏自信或高度不自信的人，在说话时肢体会情不自禁做小动作，面部会显露出不自然的表情，眼睛会躲避对方的目光等。

清朝中兴重臣曾国藩具有异乎寻常甄别人的技能，著有《冰鉴》等识人专著，更擅长通过观察人的肢体语言，判断人的性格、行事风格、事业潜能。有两则小故事再现了曾国藩通过观察识人的风采。

一天，曾国藩的学生李鸿章带了三个人拜见曾国藩，请他看看这三个人适合做什么事务。恰巧曾国藩散步去了，李鸿章与那三个人在厅外等候。不久，曾国藩散步回来，李鸿章单独走进大厅，向曾国藩禀明来意，并请曾国藩考查那三个人。曾国藩笑了笑说："不必了，我已经看过了。面向厅门，站在左边的那位是一个忠厚人，办事小心谨慎，让人放心，可派他做后勤供应一类的工作；中间那位是一个阳奉阴违、两面三刀的人，不值得信任，只宜分派一些无足轻重的工作，担不得大任；右边那位是一个将才，可独当一面，将大有作为，应予重用。"李鸿章惊诧地问："你还没有与他们说话和见面，如何看出这些的呢？"曾国藩笑着说："刚才散步回来，在厅外见到了这三个人。走过他们身边时，左边那个态度温顺、目光低垂、拘谨有余、小心翼翼，可见是小心谨慎之人，因此适合做后勤供应一类只需踏实肯干，无需多少开创精神和机敏的事情。中间那位表面上恭恭敬敬，可等我走过之后就左顾右盼、神色不端，可见是一个阳奉阴违、机巧狡诈之辈，断断不可重用。右边那位始终挺拔而立、气宇轩昂、目光凛然、不卑不亢，是一位大将之才，将来成就不在你我之下。"次日，曾国藩邀请李鸿章及三人共进午餐，寒暄之后下人端上四碗汤圆，曾国藩一边与众人聊天一边和大家吃汤圆，待汤圆吃毕忽然一问："可有人记得刚刚碗里一共有多少个汤圆？"瞬时众人皆目瞪口呆，唯有一人回答："八个。"曾国藩欣然一笑，回答之人正是他昨天所见并断言有大将之才的人。这位大将之才便是日后立下赫赫战功并官至台湾巡抚的淮军勇将刘铭传。

曾国藩担任两江总督职务时，有人向他推荐了陈兰彬、刘锡鸿。曾国藩与他们寒暄后说："刘生满腔不平之气，恐不保令终。陈生沉实一点，官可至三四名，但不会有大作为。不久，刘锡鸿作为副使，随郭嵩焘出使西洋，两人意见不合，常常闹出笑话。刘写信给清政府，说郭嵩焘带妾出国，与外国人往来密切，"辱国实甚"。郭嵩焘也写信说刘锡鸿偷了外国人的手表。当时主政的是李鸿章，自然倾向于曾门的郭嵩焘，将刘撤回，以后不再设副使。刘对此十分怨恨，上书列举李鸿章有十大可杀之罪。当时清政府倚重李鸿章办外交，上书留中不发。刘锡鸿气愤难平，常常出语不逊，同乡皆敬而远之；刘锡鸿设席请客，无一人赴宴，不久忧郁而卒。陈兰彬于同治八年（1869 年）经许振炜推荐，进入曾国藩幕府并出使各国。其为人不肯随俗浮沉，但志端而气不勇，终无大建树。

人们常说“你的眼睛欺骗不了我”“你的行为说明了一切”“耳听为虚，眼见为实”，充分说明了识人中观察的重要作用。通过观察识别人的性格、心态等的方法和知识，有许多专著做了精辟的论述，只要勤于学习、用心体悟、潜心实践就能取得良好的效果。

面试官的眼睛不是普通的眼，它能透过现象看到本质；面试官的耳朵不是普通的耳朵，它能以音辨意；面试官的嘴巴不是普通的嘴巴，它犀利的问话能让你内心的“小主意”无处遁形。潜心研究这“三宝”的应用技巧，是面试官的基本功。

三、基于过去推测未来，立足表象判断实质

面试是面试官与求职者通过直接接触，采取问、听、看等方法考查和评价求职者的知识、能力、品德、性格等素质状况的一种甄选手段，它从不同角度对应试者的素质进行比较鉴别，进而客观地评价出应试者各素质特征的优劣。概括来说是对求职者基于过去推测未来，立足表象判断实质。

俗话说：“读书容易，读事难，读人更难。”如何读懂一个人，如何透过一个人外在的言语、肢体动作、行为等层层表象，窥得其行为的逻辑倾向、性格特征，评估其智力水平、思维特点、技能状况……确非易事。不仅如此，面试官还要不断地将接收到的求职者释放的信息进行分析，由表及里、去伪存真，挖掘出其行为、思维特征的实质，再与心目中的岗位胜任素质需求标准进行比对，得到准确的求职者素质与需求素质的匹配度。

面试不是简单地理解现在看到了什么、听到了什么，而是通过现在所表现的归纳出其应该有什么，行为、思维的特点规律是什么，进而推测到其未来可能会有什么样的行为，以此推断其能不能适合企业发展的需要、

达成岗位功能的需要。

面试技术并不是高不可攀、深不可测，早在三千多年前姜太公就总结、发明了识人、读人的方法——兵书《六韬·龙韬·选将》。其中总结了八种方法亦即《八征之法》，根据人对问题的反应来识别其真正面目：一曰问之以言，以观其辞（提出棘手问题，考查其理解程度）；二曰穷之以辞，以观其变（详尽追问不怠，考查应变能力）；三曰与之间谋，以观其诚（间接收集材料，考查真诚与否）；四曰明白显问，以观其德（坦率交谈，考查其德行）；五曰使之以财，以观其廉（让他管理财务，考查是否廉洁）；六曰试之以色，以观其贞（以色相引诱，考查其操守）；七曰告知以难，以观其勇（告知危难形势，考查勇敢与否）；八曰醉之以酒，以观其态（将其灌醉，考查神态）。现代人将其比喻为投石问路法。

人的思维与行为并不总是变幻莫测的，有相当一部分具有相对的稳定性，这就是人们常说的“江山易改，禀性难移”中的秉性，它是人的性格、价值观、人生观、世界观等一系列素质特征的集合。现代心理研究已经证明了人的思维、行为等性格特征具有相对稳定性，这些成果给我们基于过去推测未来、立足表象判断实质，提供了科学依据。

识人需要满足一定的条件——知识与技能。实践证明，无论何种事物或技术，假设人储备了足够的知识并掌握了适合的方法（技能），那么难事也会变得易如反掌。对人的甄别亦是如此。

四、读人需要有读心的工具

识人的根本是读心，而若想实现准确读心的意愿，我们就必须进入心理学这个专门因读心而生的知识大殿堂。心理学起源于古代的哲学思想，1879 年，德国心理学家冯特在莱比锡建立了世界上第一个心理学实验室，标志着现代心理学的建立，心理学从此宣告脱离哲学而成为独立的科学。虽然这门科学建立仅仅一百多年的时间，但其发展速度极其惊人，截至 2007 年 7 月已经形成 2635 个分支，而且还在强势发展。如此庞大的一个家族，恐怕连入手都困难，何谈掌握。其实，作为面试官，只需要掌握一些与人的职业思维、行为心理关联较多的心理学知识、测试技能就可以了。

1. 普通心理学

心理学虽然有许多分支，且分别从不同的角度来研究心理现象。但是这些研究万变不离其宗，它离不开对心理现象、方法、心理的实质和心理现象规律的认识。于是就产生了一门研究心理学基本原理和心理现象一般规律的心理学，即普通心理学。它是所有心理学研究之本，是各分支研究与发展的基础性学科，也是心理学入门的专业课程，是学好其他心理学的工具。

2. 行为心理学

行为心理学是20世纪初起源于美国的一个心理学流派，它的创建人为美国心理学家华生。顾名思义它是揭示人的心理与行为关系的学问，掌握其要领能揣度人的心灵深处的欲求、洞察人的行为、发掘人行为背后所隐藏的真意。美国心理学家里塔·本纳苏蒂说："男人的一举一动都透露出他的性格和品质，尤其是在他失去警惕的时候，在他不再努力给你留下好印象的时候，或者在他没有意识到你在观察他的时候。"所以，人的行为一直在暴露人的理念或态度。

管理理论中，著名的"南风效应"就是行为心理学的典型展示。北风和南风比威力，看谁能把行人身上的大衣脱掉。北风首先来一个冷风凛凛、寒冷刺骨，结果行人为了抵御北风的侵袭，便把大衣裹得紧紧的。南风则徐徐吹动，顿时风和日丽，行人觉得春暖上身，始而解开纽扣，继而脱掉大衣，南风获得了胜利。南风之所以能达到目的，就是因为它顺应了人的内在需要。由此，管理者们不再仅仅使用"大棒"来管理员工，而是加入了"胡萝卜"，实行温情管理，实施更有"人情味"式的表扬、肯定，取得了事半功倍的效果。

3. 社会心理学

社会心理学是研究个体和群体的社会心理现象的心理学分支。个体社会心理现象指受他人和群体制约的个人的思想、感情和行为，如人际知觉、人际吸引、社会促进和社会抑制、顺从等，简单说它是一种研究群居在社会中个人的心理现象。学好社会心理学能让我们更好地理解人与人的关系、人与社会的关系、社会及他人行为对个体心理的影响等。

社会心理的研究解释了很多有趣的现象，如“炫耀源于内心的不自信，是一种内心需要被关注被肯定的表现”等。

4. 人格心理学

人格心理学也称作性格心理学，它是专门研究人所特有的行为模式的心理学。一般其研究主要是在精神分析理论、特质理论、生物学流派、行为主义、人本主义和认知理论六种人格理论流派间，针对有关人格的理论进行研究。招聘中常常使用的职业倾向测试、人性格特征测试都是以此为理论基础。人格心理学在人力资源管理，特别是招聘面试、人才的选拔晋升活动中应用广泛，是面试官应该重点掌握的心理学知识之一。

5. 发展心理学

发展心理学是研究人的心理发展规律的科学，主旨是描述人的心理发展现象，揭示心理发展规律。它有广义和狭义两种理解，广义的心理发展是指包含心理的种系发展、心理的种族发展和个体心理发展；狭义的心理发展仅指个体心理发展。其中，个体心理发展的研究，对面试官认识、理解人生各个年龄阶段的心理发展特点、特质行为表现有积极的启发意义，可以帮助理解岗位素质特征中的发展性要素、与求职者的人格发展特征倾向匹配。

6. 管理心理学

管理心理学是将心理学的知识应用于分析、说明、指导管理活动中个体和群体行为的工业心理学分支，是研究组织管理过程中人的心理及行为现象、心理过程及其发展规律的科学。它以组织中的人作为特定的研究对象，通过对人的系统的研究，揭示人在组织中的行为规律和特点，最大限度地调动人们的积极性和创造性，改善组织结构和领导绩效，建立健康文明的人际关系，从而实现提高管理水平的目的。

心理学是一个庞大的学科体系，我们无法将其全部领略，只能择其一二，着重了解对管理和招聘面试有重要影响的分支。当然，有兴趣者在时间允许的情况下，可以更深入、广泛地学习，相信会带来意想不到的收获。

五、要了解社会习俗和行业知识

1. 影响招聘的社会习俗要素

人是社会人，群居属性决定了其对社会的依赖性。鉴于此，人或多或少都会受到社会风俗、政治环境、地理环境的影响。这些影响会不同程度地带入人所归属的组织中，直接或间接影响工作。如有些地区，男性非常喜欢饮酒，工作之余，经常组织三五知己聚在一起畅饮，他们将其视为一种正常的生活。然而，这种习俗对很多工作有着重要的影响，特别是要求细致、认真，必须精准把控的岗位，诸如吊车司机、驾驶员等特种岗位。如果招聘到的人员在上班时间饮酒，不但很难做好工作，甚至会出现事故或是违反国家法律。

因此，一名出色的面试官不仅要熟悉不同地区的风土人情不同民族的生活习惯，还要掌握政治生态环境、劳动法及其相关的法律法规，综合应用于面试工作，有所避讳或加以利用，以适应工作要求，提升面试水平。

人生活在社会中，其心理有许多社会痕迹，这些痕迹影响着人的思维和行为。

2. 涉及行业要熟悉

虽然每个行业有每个行业的特点，我们也常说隔行如隔山，但它不是一个绝对化的真理，除非是特别的专业技术，对于其他行业，现实已将这种陈旧的观念远远抛于脑后。信息传递的深度和广度将更多的人打造成知识与技能的综合人，许多企业已不再是单一的经营模式，而是集开发、生产、营销、承担社会责任于一身。就管理而言，已不再是单一的人对人、面对面、信息对信息的管理，而是需要管理者灵活应用社会学、心理学、行为学等知识，对员工提供帮助和指导，进而实现组织目标。以前的“胡萝卜加大棒”的管理方式渐渐远去，取而代之的是研讨式、指导式、教练式、共赢合作式的管理。

企业的这些经营管理方式的变革对面试官提出了更高的要求，面试官不但要掌握招聘面试的专业知识，更要掌握企业管理方式变革的趋势与要求、人们生活工作理念态度的变化等知识。同时，面试官必须掌握与所处行业相关的行业知识，甚至要求深度理解。

如对生产管理岗位人员的素质要求，以往的要求重点是有精深的专业技能、良好的沟通能力、勤奋敬业等，而今，其素质要求还要加上一项重要的内容——客户意识，即站在客户的角度组织生产，如何使自己的生产为客户创造价值。这就需要学习客户所处行业的特点。对于招聘面试人员来说，只有自己先掌握了客户所处行业的特点，才能有针对性地对被面试人员进行测评。

在精准掌握面试专业技能的基础上，面试官还必须更广泛地涉猎多种行业知识、社会知识。从某种意义上讲，面试官不单是专才还是通才，如果没有丰厚的知识储备，很难做好面试工作。

第二章　要招聘谁：岗位是有个性的“孩子”

招聘什么样的人，是每个面试官必须清楚并要解决的首要问题。对此，一些人鄙夷不屑，认为“难道这还用细说博论吗”“招聘什么样的人还会不知道吗”。然而，笔者对近百名主管招聘面试的专业人员进行的调查，结果却不尽如人意。仅70%的人能概略回答以岗位说明书或者岗位胜任素质模型作为选人标准，能够较为全面、准确阐述招聘岗位所需胜任甄选要素的不足10%，这印证了部分企业招聘适岗率低的原因。成功招聘的前提是招聘者对所需填充或备份、储备人员的岗位胜任要素有精准的理解，并形成清晰的甄选要素求证标准。

建立岗位胜任要素标准，不能就岗位论岗位，即以岗位单纯的技术、技能性素质需求来确定甄选标准，它涉及企业方方面面的内容。管理学家彼得·圣吉在其畅销书《第五项修炼》中提出的系统思考的理论，对建立岗位胜任要素标准具有积极的指导意义。岗位胜任要素标准不是仅依托岗位一项条件就能建立，更不是从网上搜索一套标准就能使用的，它受企业文化、地域习俗、行业、企业主营业务，甚至是上级领导者素质、团队核心成员素质特征等条件的影响和制约。概括来说，达到岗位胜任要求应实现三个吻合：与岗位胜任素质要求相吻合、与岗位所在团队的群体特性相吻合、与企业文化习性相吻合。

岗位胜任要素标准如同人的性格特征一样，每个企业的每个岗位都有独特的标准和要求，我们将其视为一个“孩子”，世界上没有两个完全相同的孩子，也没有两个完全相同的岗位。

一些懒惰的HR人员采取照搬策略建立岗位胜任要素标准的做法是极其错误的，它不能为企业量身定做出符合企业独特特征的岗位胜任要素标准。千里之堤，毁于蚁穴。虽然那些挪来的标准，大多数要素符合岗位要求，但也正是其中少数的、体现企业区别于其他企业特点的岗位胜任素质要素，与企业岗位需求背道而驰，同化着企业，蚕食着企业的独特性，最后使企业失去特征优势，进而走向消亡。因此，建立企业岗位胜任要素标准看似简单，实则复杂，它是企业保持特色的基础工作。

一、岗位胜任标准分析

岗位胜任标准分为硬性标准和软性标准。

硬性标准是指年龄、学历、性别、工作经验、住址等，我们称其为“门槛”，是招聘的基础入选条件，不符合条件就会被排除。

软性标准主要包括：

岗位任务内容（做什么工作）；

完成任务对任职者的素质能力要求；

环境条件（工作地点、现场状况、设备等）；

与其他岗位的关系、管理关系；

岗位的关键工作（重要价值点）；

评价工作的方法、标准等。

软性标准中有两个关键要素：一是完成任务对任职者的素质能力要求；二是岗位的关键工作（重要价值点）。

影响完成岗位任务的素质能力很多，我们应找出关键素质能力并进行权重分析。如产品设计岗位，影响其完成任务的能力有学习能力、专业知识、工作经验、分析客户需求能力、沟通能力、人际能力、观察能力、协调能力……我们不可能都将其列为岗位胜任标准，我们详细分析后发现：分析客户需求能力、专业知识、学习力对完成岗位任务影响较大，我们可以将其列为岗位胜任标准。

有了标准并不能算完成了岗位胜任标准的设立工作，还应对其进行权重分析和排序，以便甄选时对求职者进行综合素质分析，做出取舍。标准排序应遵循如下 6 个原则：

素质（能力）形成的难易程度；

后期培养成本；

人力资源市场中此类人的充裕程度；

工作胜任相关度；

持续使用价值；

潜在价值。

岗位胜任标准中的第二个关键是素质能力价值点，它是甄选的重要参考因素，甚至是决定性因素。如产品设计岗位，其价值点是分析客户需求的能力与将需求转化成产品的开发能力。

如何进行岗位分析、建立岗位胜任要素标准有很多专业论述，在此不做赘述，我们仅讨论一下影响岗位胜任要素的、岗位以外的影响因素。

二、公司文化是岗位胜任要素的基础

俗话说："不是一家人，不进一家门。"所谓的一家人，我们应该理解为是与这一家的门风或者说家风相适应的人。企业的家风即是企业核心理念、经营哲学及价值倾向等为代表的企业文化，它是建立岗位胜任要素标准的首要考虑因素。如华为的核心价值观是"以客户为中心，以奋斗者为本，长期艰苦奋斗"，那么公司的每个岗位胜任要素标准都应以此为基准，选择那些重视客户、有拼搏奋斗性格特征的求职者。

就此，我们以一份销售人员胜任能力模型为例进行分析，如表 2－1 所示。

表 2-1 销售人员胜任能力模型部门

部门	业务部	职位	业务员	级别	专员	编号	QXSRNLMX-01
知识	**胜任的标准**						
基础理论	了解产品图纸，懂得产品成本核算要点，能独立做产品预算，了解简单的钢结构和钢铁相关常识						
市场信息	能做行业产品的市场调研、竞争对手产品和价格的市场调研						
专业知识	有市场营销的理论知识，掌握一定的营销策划方法或参与过营销案例的执行工作						
财务知识	懂基本财务报销制度、报销单据的填写，熟知发票的类型和开发票的基本常识						
技能	**胜任的标准**						
计算机能力	熟练掌握 word 和 excel 办公软件，会基本的表格制作，会做电子版的产品报价和数据统计分析						
信息收集	能通过网络和其他媒体手段搜集客户和竞争对手的信息，发布产品信息，增加产品和公司的媒体曝光率						
了解需求	熟知自己的客户群体和潜在客户，掌握客户对产品和服务的需求，并能分析有效需求						
数据统计、分析	用公司现有的 CRM 系统上传销售数据，能统计和分析结果并应用						
风险防范	熟知合同法基本条款，了解履行合同的要件，能把控合同的履行过程和结果						
组织协调	注重跨部门沟通合作，注重团结和团队合作，利用外部门资源完成本职工作						
解决问题	遇到问题积极乐观地找解决的办法和途径，先从自身找原因，不推诿、不扯皮						
人际沟通	有良好的人际关系，能在工作中有效沟通，用沟通方式提高工作效率						
关注细节	仔细、认真、体察入微，关注工作和生活的细节，能够通过观察把握细节并做出判断						
文字表达	词汇比较丰富、语句顺畅、措辞适当，有公文和商函写作的基本能力						
口头表达	口齿清楚、语速适中、声音甜美（或具有磁性），让人舒服，语气诚恳，不卑不亢						

续表

工作计划	工作计划条理性强，目标明确，有实施的措施和方法；时时检查计划完成情况
成就动机	**胜任的表现**
改善业绩	积极有效地安排和利用时间，根据工作目标对现有的工作方式加以改进，提高销售业绩
挑战目标	强烈追求成功的愿望，热爱工作，享受销售成功后带给自己的快乐、自豪感和满足感 为自己制订具有挑战性的销售目标并采用科学的方法，理智地分析完成目标的关键因素，进而采取具体行动逐步实现
坚持不懈	**胜任的表现**
自我激励	面对困难时能够不断地自我激励，在工作上花费较长时间，不轻易放弃
意志顽强	越挫越勇，在屡战屡败的情况下依然不放弃尝试新的工作理念和方法，完成或达到销售目标，坚持不懈，直到成功
抗压能力	**胜任的表现**
克服困难	面对困难能自我激励，保持激情，遇到困难仍然花很多时间在工作上，不放弃找方法。经历过生活和工作的挫折，但是成功克服了困难
缓压能力	用平和的心态、乐观的态度面对生活和工作中的困难，并坚信只要去解决，一切都会过去，有固定的休闲娱乐方式
自信心	**胜任的表现**
自我认可	相信产品、相信公司、相信行业，我是最棒的，很多事情我比别人完成得出色，很多问题我都能解决。我有别人不具备的能力和天分，不在乎别人对我的评价
自身优势	有自己的专长和爱好，认为自己在某个领域是专家
价值观	**胜任的特征**
优秀的品质	诚信、勤奋、坚韧、负责、宽容、尊重他人
乐观的态度	心态平和、阳光、积极向上、充满正能量
正确的价值取向	我的成功源于我的努力和奋斗，通过自己的努力能获得很多财富。君子爱财，取之有道。注重培训与自身提高，认为自我学习是成长的关键，认同企业的学习文化

如果排除企业文化及价值倾向因素，单就销售人员这一岗位分析，该销售人员胜任能力模型无疑是一份胜任要素全面、标准定位清晰的优质胜任能力模型。但是拿来作为华为公司销售人员岗位招聘的标准是否可行呢？回答之前，我们不妨分析一下华为的核心价值观。

华为用“以客户为中心，以奋斗者为本，长期艰苦奋斗”作为公司的核心价值观，彰显出对华为人的基本要求：必须有客户至上的理念，一切为客户着想，从为客户创造价值的角度出发；强调每个华为人要有激情，吃苦耐劳、艰苦奋斗、勤奋敬业；倡导团队精神。任正非的话佐证了这一点，“企业就是要发展一批狼，狼有三大特性：一是敏锐的嗅觉；二是不屈不挠、奋不顾身的进攻精神；三是群体奋斗。企业要扩张，必须有这三要素”。

暂且不论我们对华为核心价值观认识的准确与否，可以肯定的是进入华为工作的人必须符合此要求，而后才是岗位技能的要求。回过头来，我们再对销售人员胜任能力模型进行分析，不难发现其中少了华为对团队精神的要求。虽然有抗压能力要素，但没有清晰的艰苦、勤奋的品德特征要求。如此，我们就不难得出其可否用作华为公司销售人员岗位招聘的标准了。如果要用，就应对其进行适应华为核心价值观的修改。否则，一个不符合公司价值理念的人进入公司，他就会“修改”公司的价值观。

对于已经明确公司价值观的企业，以公司的价值理念作为岗位胜任要素的基准标准并非难事。如果企业还处于创业期，或还没有清晰的价值理念，那么如何才能找到岗位胜任要素的基准标准呢？在这种情况下，我们一般会以老板的价值倾向作为岗位胜任要素标准的基准参考标准。人们常说“道不同，不与为谋”，选择与企业掌舵之人同“道”者进入企业，既是适应企业、将来形成企业价值观的需要，又是避免与企业掌舵人产生价值理念冲突的需要。因为企业的核心价值观从某种意义上是脱胎于企业掌舵人的价值观，所以聪明的 HR 总结出了“有文化说文化，没文化看老板”的岗位胜任要素标准设定法。

企业核心价值理念是制定岗位胜任要素标准的基本依据，它对企业的长远发展有极其重要的作用。面试官在进行岗位胜任素质要素分析、设定岗位胜任素质甄选标准时，应给予高度重视，并在招聘甄选操作时先行求证。

三、战略需求是导向

什么样的人能助力于实现公司战略，是制定岗位胜任要素标准的另一个重要因素，同时也是岗位胜任素质特征的基本参照标准。人力资源战略取决于公司愿景及总体战略，而人力资源战略的最直接的目的是为公司选择到能够实现总体战略的人。面试官必须将公司战略和人力资源战略熟记于心，将这些战略进行素质特征的转化，并渗透于岗位胜任素质标准中，实现人与岗位胜任素质需求的匹配、与战略素质特征需求的匹配。

在招聘时，HR 人员对求职者与岗位胜任素质要素的匹配应用熟练，但很多时候会忽略将组织战略或组织的人力资源战略进行匹配；或者不知道如何与企业战略素质需求进行匹配，或者从理念上认为终端岗位没有必要与高端战略进行匹配。这些误区都会大大降低组织人力资源的持续发展力，进而增加人力资源管理的后期成本，影响组织的“寿命”。企业战略必须渗透于招聘工作中，它是保证战略得以自下而上贯穿实现的基础。如某企业属于传统产业，市场竞争激烈，利润极薄，为了生存与发展，企业制定出成本领先战略。认真领会企业的这一战略，其要求应是每一个岗位、每一道流程、每一位人员都应树立成本意识，想方设法降低成本、提高效益。针对这一战略要求，我们在招聘面试中应不应该把求职者的成本意识、勤俭意识、挖潜降耗意识当作甄选的标准呢？给予肯定的回答毋庸置疑。企业战略确定是依托互联网实现跨越式发展，此种情况下，招聘面试时创新性思维、颠覆性思维则成为对求职者的必然的胜任素质需求。

当然，将企业战略融入招聘面试工作中并不是要一刀切，而是根据岗位的特点进行适当的素质胜任需求要素匹配，对应匹配要求的差异性再行考查。如高级管理人员对其测评的要素不仅要结合战略，还应与企业愿景、价值理念等企业文化进行匹配；中层管理人员则应侧重于对战略理念要素的理解（认同感）、执行力进行匹配；基层和操作岗位，要以具备战略所要求的技能素质为主。

企业战略需求要素是对求职者重要的考评要素，招聘面试人员应学会将企业战略、对人力资源的需求转化成岗位胜任素质特征，同时要选择好此类素质特征测试方法，为组织甄选出符合战略需求的人才。

四、考虑地域特点：全球化≠无地域差异

如果企业有走向世界的战略，全球化思维则是企业必然的选择，它也应成为设计岗位胜任素质需求的重要因素。劳动力的流动，特别是高端人才的流动已经打破了国内地域，甚至是国家间的限制，那么，我们甄选人的标准是不是可以忽略人的地域影响因素呢？如不同地区的人的性格特征倾向、风俗习性、体能特征等。回答应是否定的。

人的地域性特征虽然不是影响岗位胜任要素标准的决定性因素，但它的影响也不可小视。有些城市特别是大城市、一些富裕村镇的年轻一代，相对缺乏吃苦耐劳的素质，如果招聘的岗位是艰苦岗位，就不得不考虑地域因素的影响。仅从我国来说，不同省份的人的气质特征存在一定的差异，有人研究了全国各省人的特点，描绘出了各省人气质特征，不一定完全准确，但也有一定的道理。

没有人会告诉你“我不勤奋”，更没有人会告诉你“我不能吃苦”，当我们招聘的岗位需要排斥某一个要素时，不仅需要从简历、面试、测试中求得答案，也应从地域的角度进行佐证和分析。

五、岗位性格与团队匹配度

1. 岗位性格

但凡不是百分之百重复性操作的岗位，不同企业的貌似相同的每个岗位，其胜任要素标准都不会一样，这就是企业岗位性格。每个企业的岗位，在企业文化、价值观、经营理念、领导风格等的影响下，除有共性特征之外，还形成了自己独特的企业岗位特征。犹如我们对人的认识，一个健康正常的人都有一双眼睛、一张嘴、两条腿，如果仅以此为标准衡量一个人，几乎能肯定所有人的长相都是相同的，但现实告诉我们世界上没有两个长相完全相同的人。同理，虽然很多企业设置有相同的岗位，但每一个岗位的胜任素质要求不可能完全相同。这对 HR 是一个考验：识别出自己企业岗位的胜任素质要素与其他企业岗位的胜任素质要素的异同点，哪怕是细微的区别。

通常岗位性格中的通用部分，或者说里面的显性要素，如会不会使用某种工具、有没有某项操作技能、是否有较好的人际沟通能力等，会是 HR 们在招聘面试中必有的考评点。但有些“岗位性格”则容易被忽视，如穿戴服装（不是指企业规定的着装要求）、企业中人的行为习性、交流沟通特点等，它们虽然没有被写入岗位胜任素质要素标准，但也对求职者适应工作产生一定的影响。我们曾经对在试用期内离开的员工进行过一次深入的访谈，30% 以上的人主要是因为如下原因离开：

经常加班，个人时间得不到保证；

对岗位工作环境不适应；

想法、意见得不到有效反馈；

强势的管理行为；

对本属个人行为限制过多；

……

详细分析这些“理由”，很难找出是属于岗位胜任素质要素标准规定的硬性条件。然而，它却实实在在地告诉我们，这不是条件却胜似条件的离开理由。

识别岗位性格是面试官高层次的研修课题，它虽不复杂，但不易引起HR们的重视，优秀的面试官不但要深入分析岗位性格中的“硬性”素质特征要素，而且不能忘记其中的“软性”素质特征要素。

第一，从企业文化、价值观、经营理念中提炼出本企业岗位性格的共性要素。明确企业倡导什么、讨厌什么；对员工的基本要求是什么。如有一个公司就提出了这样的理念：“当你走进公司时，你就进入了死亡之谷。”它预示着企业的员工都将面临着巨大的压力，对此，我们在招聘甄选时，承受压力的素质特征则成为对求职者必须考查的要素。也许这一条并不是岗位胜任要素标准中的内容。

第二，从企业所属行业的特点进行分析。如办公室文员这一岗位，在民营企业与在政府机关、在商业企业与在生产企业、在电商单位与在传统单位有很大的差别。面试官不但要总结出这些单位的岗位胜任素质特性要求，还要将其与求职者的素质特征进行深入比对。

第三，从领导风格，特别是直接领导、任职相对稳定的领导进行分析。在员工离职因素分析中，领导风格的不适应是众多因素中排在前三位的因素。如果企业文化特性是岗位性格的共性要素，那么领导风格则是特性要素，而且是非测评不可的要素。

岗位胜任素质要素标准中的“软性”要素还有许多，资深HR应该把握好，当然，能深谙此道更好。不适应企业岗位性格的员工不一定立即影响企业发展的大局，但正是这些与众不同的要素和差异，形成了企业的独特个性。

2. 团队匹配度

成功的企业离不开优秀的团队，成功的个人也离不开优秀的团队，在企业中工作不可能离开团队协作。当今时代是团队合作的时代，团队效能是企业经营、持续发展的重要因素，它要求进入团队的人员，要么能很快适应团队，要么自身的特质就符合团队要求。

每个企业的团队也是有性格特征的，我们招聘的人员能否快速融入团队是对求职者基本素质的考评要求，只有如此，才能使团队的人力摩擦损耗降到最低。自然，我们也不能选一个与团队格格不入的人进入团队，给企业带来不必要的损失和伤害。

岗位是个有个性的“孩子”，这是优秀面试官理解岗位胜任素质要素标准进行招聘面试应该具备的基本理念。对此，使求职者与企业的岗位胜任素质要素标准精准对接，则可大大降低企业人力资源的招聘成本和管理成本。

第三章　科学提问：胜任要素问题的“可视化”

岗位的职责、胜任素质要素标准，虽然是面试官对求职者进行考评的基本依据，但大多不能直接作为面试问题提问，需要对每一个素质要素进行可视化处理，或称其为“包装”，目的是不让求职者轻而易举地揣测出面试官提出问题所要达到的目的，防范其伪装自己真实个性素质特征，造成面试官误判——选错人。如某一岗位的岗位胜任素质要素标准中有“责任心强，吃苦耐劳”的要求，为了测试求职者是否具备这一素质，面试官若直接问求职者“你有责任心吗”“你能吃苦耐劳吗”，求职者一般都会给予肯定的回答。如此，我们得到的测评结果是虚假的、不可用的。对岗位胜任素质要素进行可视化处理是面试的基础，是面试官必须掌握的基本技能。

一、可视化提问的立足点

提笔罗列本书的讨论提纲时，对岗位胜任素质要素所涉及的问题，在面试时是否提倡可视化处理，我犹豫了很久，总有一点拿不上台面的感觉。可是，面试中很多求职者为赢得这份工作而违心作答的表现，让我们不得不放弃这种顾虑，进而对一些问题进行可视化处理，考虑再三，还是加上了此项内容。但是，对问题进行可视化处理应有底线，不应以“套取”我们不应该知道的东西为目的，这也是面试官的职业品格。

1. 以真求真

首先对岗位胜任素质要素可视化有一个正确的理解。俗语说：“害人之心不可有，防人之心不可无。”这道出了要素可视化的本意。可视化是将岗位胜任素质需求中需要求证的素质特征问题，在确保内容真实、可信的基础上进行加工，转化成求职者易于接受的、并无意设防应合的形式、方式。

可视化的基础是以真求真，不能虚假求证。如我们想求证求职者是否具备爱看书学习的素质特征，对于这一问题，如果直接问“你喜欢看书学习吗”，求职者可能会感觉招聘的岗位需要喜欢看书的人，为了得到这份工作，可能在并不喜欢看书的情况下违心地回答“我爱看书”，这不但害了他自己，也误导了你。为了避免此情景的出现，我们可以将此问题进行这样的可视化处理：“当今，社会上很多人，特别是青年人将许多时间用在浏览手机上，少有人看书了，请您谈一下，书与手机相比，获取系统知识的效能哪个会更好？”

此问题避开了直接求证是否爱看书学习，体现了三个要点：青年人爱浏览手机是一个事实；看大块头纸质书的人少见了也是事实；由回答直接行为问题转换成了观点论述。同时，还埋藏了一个隐性问题，“获取系统知识的效能”而不是“获取知识的效能”。此题的可视化立足于两个事实的基点上，提出了一个谈论观点的问题，避开了对前者问题回答是与否都可能产生尴尬的情景，消除了求职者为避开尴尬而违心回答的隐患。面试官是通过求职者对这一观点的论述来判断其是否喜欢看书的。如果求职者倾向于浏览手机为获取知识主渠道，那么很难确认其喜欢以看纸书为方式的学习。反之，如果其对通过看书（包括电子书）获取知识，特别是提出了获取系统性知识的倾向，且条理分析清晰，那么可以认定其喜欢看书学习，最起码不会排斥看书，启发其将来努力学习的可能性较大。

以真求真是素质求证问题可视化的一个基本原则，因为其转换出的问题是基于事实的，所以，求职者更容易接受。同时，也可以约束面试官，不能没有根据地胡诌，有损职业道德，有失水平。

2. 谦卑尊重

谦卑尊重不仅仅是面试官心态、场景、行为表现的问题，它还渗透在素质特征问题求证的可视化中。在面试中，我们除了在场地布置、礼节礼貌、态度等形态上让求职者感觉受尊重外，还应在问题的设计上体现尊重感，最低要求是不能有歧视要素，才会避免非核心问题，造成求职者的情绪波动，影响其真实素质特征的表露。

可视化问题首先应清楚哪些问题容易产生不尊重感。如有些企业不喜欢接受刚结婚不久的女性求职者，担心此类求职者用不了多久就会怀孕、生育，还要养育，现在国家放开了二胎政策，如果再要二孩……这些考虑虽然法律上不支持，但这么做的企业却不少（我首先声明不支持这种思想和行为）。

有的面试官会很直接地提出这一问题，这就是对求职者的不尊重，是对生育权的侵犯。如果求职者以此诉你一状，你就要承担责任。面试官为测试求职者的责任意识会问“你如何评价曾经工作单位的直接领导的工作表现”，表面上该问题并没有显示出对求职者的不尊重，其实是在引诱其做不尊重他人的事，会令求职者尴尬，令人尴尬是尊重他人的行为吗？求职者对原单位领导的评价是我们观察其职业道德品格的好机会，但前提是他们自己主动说，而非我们暗示或诱引。更恶劣的不尊重是诱使求职者暴露自己的隐私，如“今天面试是开什么车来的，为什么会喜欢这样的车子”，想知道求职者的经济状况；“你的父母期望你对他们做出更大的经济贡献吗？为什么？”想知道求职者父母的经济情况；“公司会有加班，你爱人是否支持你？为什么？”想知道求职者的夫妻关系……

不要感觉有些问题是正常的，这只是面试官的理解，看似平常的问题，但其根基已经对求职者产生了隐形的、细微的影响，不仅影响求职者对公司的认识，还违背了面试官的职业道德。

3. 量岗量人

不是所有的岗位胜任素质特征都需要进行可视化求证，也不是对所有的求职者都需要可视化才能得到求证。在面试高级管理岗位的求职者时，因为通常情况下，求职此岗位的人素质相对较高，他们更愿意开门见山，对需要求证的问题过度可视化会被认为是对其蔑视，所以，没有必要进行可视化。与人力资源管理相关的中高级岗位也尽量少用可视化，因为这些求职者都很成熟，不需要费力求证，若是非要可视化也许会适得其反。有些求职者一看就是诚实的直性子，遇到这样的人面试官就不需要多费口舌了。另外，一些专业技术性很强的人更喜欢直来直去，也会直言相告。

二、不同类别问题求证的可视化方法（上）

严格来说，求证问题的可视化并没有特定的规律可循，下述方法只能算是多年工作的经验和体会，仅供参考。

1. 导引类问题生活化

面试前为了避免“求证问题”生硬入场，面试官一般都会用一些导引性的问题作为铺垫。一方面，缓和气氛，缓解求职者的情绪紧张感，让他们更真实地展现自我；另一方面，引出需要求证的问题，给求职者以思考的缓冲。

导引类问题应以简短、简单为原则，确保能使应聘者放松，消除紧张，最大限度地发挥真实水平。但是，还要最高效能地使用面试资源，不至于造成类似聊天式的浪费。如请问您为何选择我们公司？求职者很好回答，因为大家明白自己为何来此应聘。另外，问此问题还可以了解求职者对此职位需求的迫切程度。不要把导引类问题搞得很复杂，通俗地讲，它就是一个开场白。

2. 动机类求证的可视化

动机类求证主要是弄清楚求职者某一行为隐含的真正动机是什么。如求职者的求职动机、跳槽行为的跳槽动机、谋求高薪行为的动机等。

求证求职者的动机，通常需要分析岗位胜任素质需求，以确定哪些核心问题需要探求求职者的动机。如对于专业技能性岗位，我们需要适岗人员有学习和钻研行为，但这种行为如果没有一个好的动机就不会持续长久，或很难取得优异的业绩，那么，就需要将此行为列为动机求证问题，相应地进行可视化处理。每一个岗位都有核心的动机求证问题，但不会太多，一般不会超过五个。如服装销售专员岗位主要隐含着：谋求高薪的动机是什么？有无提高沟通能力的动机？选择此岗位的动机是什么？针对这些问题进行可视化，应根据面试的现场情况来确定，面试前我们只能想到可能的动机求证问题，而不知道需要什么样的问题式样。

大多数动机性问题没可预设性，一般都是在面试的过程中出现的。当问及薪酬期望时，其期望远高于常情，我们感觉到有必要探求一下动机，但又不便直接问“为什么会要这么高的薪酬”，因为直接发问往往得不到真正的动机，有时求职者自己也说不清楚。对此，我们可将其可视化成：“您对近年的职业生涯有什么规划吗？如何实现？”如果其能清晰地描绘出自己的事业蓝图，那么，其要求高薪的动机很可能是对成长的自信。否则，其也可能是受到某种刺激的影响，信口而为。

动机性求证有人提出了一些问题的模式，如以“为什么……”“……是基于哪些考虑”等形式出现。我并不认可，它既然是随机出现的，也就是以适合场景的随机模式出现，而不会有固有的样式，只有适时、适合的才能提高求证的准确性。

3. 理念类问题

这里的理念可以是态度、信念、价值观，我们用理念统一称呼。理念是人的行为准则，它左右着人的行为。既然理念有这些特征，那么求证理念类问题应以行为面试法为主，对问题的可视化也应设计成与行为高度相关的问题。

应用 STAR 面试法对理念类问题进行可视化处理，简单明了、便于操作。我们可以用求职者表述曾经取得的业绩，向其进行求证。

S——Situation（情境），应聘者工作业绩取得的背景，可问“当时的情况如何”。

T——Task（任务），任务的具体内容、达成的目标，可问“当时的任务是什么？达成什么样的标准”等。

A——Action（行动），应聘者采取了哪些行动，采取这些行动是基于哪些考虑。

R——Result（结果）。

面试过程中，围绕应聘者过去实际发生的案例，就这四个要素进行提问，通过对其回答的分析得出其指导其行为的真正理念。常用的问话模式一般会采用“5W1H”的提问方式。

Why（为什么）：询问原因或情形。

When（何时）：询问事件发生的具体时间。

Where（何地）：询问事件发生的具体地点。

Who（谁）：询问应聘者在事件中的角色和其他涉及人员。

What（什么）：询问行为事件的任务、目标、采用的行为。

How（如何）：询问达成目标的方法、措施。

注意：用行为面试法可视化理念的方法，不是我们常说的基于过去行为，预测未来行为。是通过已有或发生过的行为，推测、分析其支配、指挥这些行为背后的理念。

三、不同类别问题求证的可视化方法（下）

1. 抗压性求证

有的读者似乎看到这个问题就想发火质疑了，抗压测试本来就是故意给求职者压力，怎么还要进行可视化呢？抗压测试的目的是测试求职者解决棘手问题的能力、面对异常困难的心态、处理复杂事务的技巧等，它不是我们随意而为的行为，如与其打口水仗、故意找茬抬杠、设置不合逻辑的障碍等。不是有些人讲的通过提出生硬的、不礼貌的问题故意使候选人感到不舒服，针对某一问题打破砂锅问到底，直至候选人无法回答。

如此理解，对求职者抗压性特征求证问题的可视化设计就不是一件简单的事了。

笔者曾经对一位求职行政经理岗位的求职者进行了压力测试。

问："你针对公司存在的某一问题向总经理提交了一份解决方案，但一周过去了，总经理没有回复，你怎么办？"

答："我直接问总经理。"

问："总经理说没有时间与你讨论这个问题。"

答："我修改后再提交上去。"

问："又一周过去了，总经理还是没有回复，但你感觉到这个问题不解决就会影响公司的规范化管理的正常推进，你怎么办？"

答："我再想一想，做一下调研，进行深入的修改，再提交上去。"

问："一周又过去了，你的方案石沉大海。"

……

此压力测试的目的是验证求职者的应变能力，还有抗打击能力，这是行政经理非常有可能遇到的事情。

我们分析一下提出的问题，似乎有道理，但也不全有道理，但这样的上级领导还有可能真的存在。这就是压力面试可视化问题的原则。有道理，但也不是完全有道理，会出此情况，但也不是肯定出此情况，事态发展均在极限点附近徘徊。我不赞同激将和诱导，喜欢使用将情境设置成靠近极限的方式。因为激将和诱导给求职者的感觉不舒服，有可能会使其误解，激起对抗，失去压力测试的意义。

2. 能力类求证

能力求证的目的是考查应试者的应变能力、解决问题的能力、思维能力等综合素质。对能力素质求证的问题进行可视化处理相对简单，因为不会直接揭开求职者内心不乐意暴露的部分，而是测试其能力的状态水平，可以根据拟招聘岗位的胜任素质能力需求直接进行测试。此类问题可视化操作的关键不是包装问题，而是凝练问题。

如商场销售人员岗位可以设计这样的问题：请你根据桌子上杯子的形态进行一下描述。这一问题表面看并不复杂，但考查测试的问题正是销售人员需要的核心胜任素质。

测试点之一：观察分析能力。

测试点之二：语言表达能力。

测试点之三：沟通能力。

测试点之四：逻辑思维。（如先描述什么，后描述什么，重点是什么等）

测试点之五：文字、语调与肢体动作配合使用的能力等。

也可以使用假设式可视化方法。即假设一个问题或情景，要求求职者进行处理，如“现在的情况……如果是你，你会怎么样处理?”“如果出现了这样的……你会怎么样?”

3. 应变性求证

一般人都有提高自己能力或素质的倾向，对于自己的思维敏捷性、快速反应能力亦是如此。在这一素质特征的表现上，求职者都不愿意露出自己的庐山真面目。所以，对此岗位胜任素质需求不能人云亦云，要进行认真的考查、分析，同时，也要对考查的题目进行可视化处理，确保测试结果的准确性。

注意应变与抗压是两个概念，不要在设计可视化测试题时混淆。

如有一个问题是这样可视化的："生活或工作中，经常遇到两个人抬杠，你怎么看待这种事情?"这一问题的设计避开了"如果……你如何处理?当你……后，又出现了新的问题，你……"的提问方式。将"抬杠"这一日常现象摆在求职者面前，目的是通过观察求职者对"抬杠"的分析、理解、评论，测试其思维的发散性和多样性，从而推断其应变能力。因为"抬杠"情景一旦出现，就很难判断谁是谁非。道理很简单，一个聪明理智的人不可能与一个"糊涂虫"真正"抬杠"；只有两个聪明理智的人或者两个"糊涂虫"各自相遇才有可能"抬杠"。

对求职者提出此问题后，我们不但可以静听其分析，而且可以根据"场景"上的表现，求证其应变能力。

对于岗位胜任素质特征进行可视化处理，易于使求职者接受，但对面试官的要求也很高，它不单单需要技巧，更需要深厚的知识、实践功底。

四、可视化提问应注意的问题

再次强调可视化不是要用技巧来揭开求职者的伪装，而是求证我们真正需要的东西。有的面试官一用可视化就兴致大起，总想让求职者的某种投机行为无所遁形，其实，这是极其错误的做法。招聘面试的根本目的是找出求职者身上存在的，岗位可以使用的素质要素或能力，而不是寻找其短处。一个人身上有很多的素质要素，找到我们想要的就可以了。一方面，求职者伪装自己没有意义，一切的真相都会暴露，只是时间问题；另一方面，面试官不能拿面试的资源满足自己的好奇。基本的要求是：找到你想要的就应收手。

可视化是仅对岗位的核心胜任素质要求进行可视化，而非将所有的求证要素都可视化。一是没有必要，二是没有可能。进行可视化，要结合岗位层级、岗位需求、岗位特性进行，切勿对每个岗位胜任素质的求证问题都进行可视化处理。

可视化的根本目的是缓和气氛、避免尴尬、方便理解、探索潜质。面试官应围绕此目的，对岗位胜任素质需求中必须要进行可视化的要素进行可视化，切勿将可视化变成窥视他人隐私的工具胡乱使用，丢了初心。

可视化必须做到精准转换。应明确岗位素质胜任需要考查求职者的是什么问题、求证哪项素质特征，如果自己没有深厚的面试功底，最好是提前做好面试问题的可视化设计，以免信口开河，误人误己。

如果面试官的可视化功底不深、技能不精，或者可视化影响了求职者真实素质特征的表现，宁可直接测试，也不要进行伪可视化。

自己都不清楚的素质特征求证问题或方法，在求证时先学习，弄清楚后再去面试，更不要进行可视化。如在求证领导岗位素质特征时问“你认为如何才能成为一个优秀的领导者”这样的问题，求职者的回答会让你左右为难，因为你也不知道“如何才能成为一个优秀的领导者”。

对于求证岗位胜任素质特征的可视化操作，突出应用于三个方向：一是求职者没有在简历中说清楚，又不愿意暴露在阳光下，且面试官又需要知道的素质特征，或者在其简历中得到了一些线索，但还需要进一步的验证；二是理念性、动机性、信念价值观类的求证，此类素质特征有时从求职者的表现中能分析、判断出来，但有些无法判断，如其坚信成功靠“投机取巧”的理念，一般会刻意隐藏；三是潜在的能力素质，对此很多求职者自己都不清楚，如何表现出来？此时就需要可视化问题来挖掘了。

第四章　面试工具：以恰当利器求真

提升面试甄选的准确性离不开恰当的工具，多年来，学者及人力资源管理者们总结、实践了许多卓有成效的方法，如结构化面试、非结构化面试、关键事件法、情景面试法、无领导小组讨论、答辩法等，这些方法各有优劣，只要应用得当，都能取得理想的效果。一场面试应使用什么样的方法，需要根据招聘岗位的特点、人数、面试官的素质确定。面试官应对招聘中常用的面试方法有精深的理解，并掌握实施要领，才能做到灵活应用。

一、结构化面试

结构化面试是根据岗位胜任素质要素的标准，设计反映岗位关键胜任素质特征的题目（题库），采用特定的程序、评价标准和评价方法，以面试组（多名面试官）与求职者面对面交流的形式，依据求职者对面试题的回答，测评其与招聘岗位胜任素质要求匹配度的面试方法。

之所以称其为结构化面试，是因为此方法突出体现了标准化和结构的特点。首先，过程规范，面试的形式、程序、面试测评信息汇总的方法都有统一的标准和规定；其次，内容规范，面试中的测试（问题）题目、评分标准、时间要求都有统一的规定；最后，组织规范，面试的场景标准相同、实施形式一致、面试官相对固定。因为结构化面试吸收了标准化测验、经验型面试的优点，所以测验结果比较准确。

1. 结构化面试的基本要求

必须基于工作分析确定岗位胜任素质标准，进而进行面试问题设计。面试问题不可能涵盖一个岗位的所有胜任素质要素，它需要通过深入的工作分析，找出其中对工作任务或职能完成有重要影响的素质要素，我们也可以称其为关键岗位胜任素质特征，以此作为设计面试题的基础，进行面试题设计。另外，也可以用排他法设计面试题，即找出人的哪些素质特征会影响岗位职能的实现，以此作为设计面试题的基准，进行面试题设计。最后，对这些面试题进行整理，确定基本的评分标准，建成岗位胜任素质标准测试题题库。

必须基于相同测试流程、要素对应聘者进行面试。结构化面试要求：对应聘同一职位的所有应聘者使用的面试题目相同；面试导语及说明相同；面试用时相同；面试场景相同；面试官相同；面试的程序相同……总之，要在所有面试要素同等（或基本同等）的情况下，对同一岗位的应聘者进行面试，以确保面试的公平、公正。

必须基于同一评价标准对应聘者的测评情况进行评价。结构化面试每一个岗位的胜任素质特征测试题都应确定评分标准，以确保面试官评分的一致性，避免主观、偏见。如对口头交流能力这一素质设计评分标准：口语表达顺畅，无讲话磕绊现象，得 2 分；表达顺畅，无磕绊，意思表达较清晰，得 5 分；表达顺畅，口齿清晰，意思表达条理分明，得 7 分。

必须基于同一组面试官对同岗位的所有应聘者进行测试。结构化面试的面试官一般要求由 3 ~ 7 名组成，最低 2 名，组成面试组，其中一名是主面试官，并由其担任主提问人角色。面试官的组成要根据招聘岗位的具体要求进行配置，通常由一名人力资源部门专业招聘面试人员、岗位业务专业精通人员、团队或相应岗位的管理者组成。

结构化面试是相对严谨的面试，试题固定、评分统一、程序严格是对其的基本要求，正是因为这些特点，决定了其测量效度、信度的可靠性，比较适合规模较大、规范性强的招聘面试。

2. 一般步骤及要点

在已经具备岗位测试素质要素题库的情况下，通常按下面步骤实施，当然，一些步骤可以合并或同步实施。

第一步，进行简历筛选，确定进入面试的应聘人员；

第二步，确定面试官；

第三步，准备面试场地，进行场地设置（注意尽量体现企业文化、营造和谐氛围）；

第四步，准备资料，重点包括应聘者的个人资料、结构化问题表、面试评分表、面试程序表、面试导引说明等；

第五步，对面试人员进行培训，培训重点是本次面试的组织实施方法、对参与面试人员的基本要求、评分标准、应聘者数量情况、特殊情况的处理等。如果有必要，还应进行面试业务、技能培训；

第六步，模拟演练；

第七步，进行面试；

第八步，汇总面试信息，甄选应聘入围者；

第九步，进行面试总结；

第十步，与应聘成功者沟通交流，办理入职手续（或下发再次面试通知），进行跟踪管理。

3. 应注意的问题

结构化面试的严谨性及效度，对面试官和面试的组织者都有着较高的要求。

确定科学合理的面试时间。心理学研究发现人的心理警觉期一般为20～30分钟，所以，应试者进入面试的30分钟内，心理会在紧张与警觉间徘徊。在此期间，应聘者回答面试官的问题的准确性会受到一定的影响。最能体现应聘者真实性的时间是在面试30分钟后。所以，面试时间尽量安排在40分钟左右或更长，以便准确地了解应聘者的真实素质特征。

依面试官的专业特长分配打分题目。如人力资源部门的人员可重点负责工作态度、价值倾向、求职动机等事项的考查；用人单位人员负责技能、知识、工作经验等专业业务方面的考查；管理或顾问专家则针对（管理能力、技能潜能）等特殊项目进行考查。对每一位面试官向应聘者提出的问题，其他面试官有不同意见时，不能争论；特别问题应由主面试官裁决。

公开、透明，充分尊重应聘者。对应聘者提出的问题面试官要确切、如实回答，不便回答的问题要说明原因，请提问者谅解；不管应聘者回答问题的质量如何，面试官都不要贬低、耻笑；应允许应试者拒绝回答面试官提出的问题；要保持微笑，及时以点头或其他方式回应应聘者的答题。

面试问题设计应根据岗位胜任素质要素的权重设计恰当的评分标准，不能将所有问题的评定分数标准一刀切、平均分。应合理分配每位面试官的问题权重，最大权重不能超过50%，避免陪面现象，提高面试的公平性。

向应聘者提问一般遵循由简到繁、由易到难、先熟后生、先具体后抽象的原则，合理安排问题的顺序并确定好发问主面试官。本着从应聘者能够顺畅回答的问题出发，让其逐渐适应，进入角色。另外，要坚持由合适的人提出合适的问题的原则，以确保问题发问的效果。

4. 存在问题与不足

结构化面试虽然具有准确性高、成本低、效率高的特点，但也存在着一些缺点和不足。首先，由于其设计测试题目的固定性，限制了面试官个人的甄别智慧、知识和能力的发挥；同时，也限制了求职者展示才华的空间。其次，程序、时间等条件的限定，使面试官不能与求职者进行充分的交流，探究其更深层的个体特征，或就某一值得深入探讨的问题进行深层次探索；由于对求职者知识、智慧、心理素质等多方面能力探索的固定性限制，难以对不同的应聘者做出更准确的评价。最后，不能针对求职者的特征和个性特点，以不同的问题进行特质求证。

任何一种面试方式都不可能完美无瑕，结构化面试也是如此，我们不能因此而投鼠忌器。实践证明，结构化面试仍然是当今面试中使用最多的面试方式，只要我们努力学习探索，积极克服其弱点，一定能最大限度地发挥其优点，为我们的招聘面试服务。

二、非结构化面试

非结构化面试是相对于结构化面试衍生出的一种简易的面试方法，它是指面试官根据岗位胜任素质标准的要求，自由设计素质考查问题，现场对求职者进行提问，根据求职者对问题的回答判断其是否符合岗位胜任要求的一种面试方法。

非结构化面试是企业对人的沟通能力、人际能力、团队精神、接受新事物的能力特质需求不断上升的产物，面试官可以不受结构化面试要求的影响，不受时间、程序的约束，针对需求的特质展开测试。面试官可以与应试者围绕某一主题随心地交流、展开讨论，在交流和讨论中，观察、分析应试者的相关能力、知识结构、技能理论水平、理念态度。它适合招聘面试高级、中级以上的管理人员。

1. 非结构化面试的特点

由面试官或面试小组根据岗位胜任素质标准的要求设计问题，对问题设计要求灵活、不固化，只要求职者对问题的回答能反映出求职者的素质特征即可。甚至面试题不一定根据岗位胜任素质的要求进行设计，只要通过对求职者的回答，能判断出其主要的素质特征，有较大完成岗位职能的可能性即可。同时，面试题没有标准答案，也没有评分标准，对求职者是否符合岗位要求，全凭面试官的感觉。

面试没有严格的程序要求，只需要布置较为简单的面试场地，或者选择一间办公室、会议室。

面试官组成灵活，可以是两名，也可以是三名，甚至是一名，只要能实现面试测评的目的，最精炼的人员组成是其基本要求。

其缺点是面试问题随意性大，有时不能完全体现岗位胜任素质要素的结构性要求；缺少一致的评判标准，不适宜数量较大的招聘面试；主观影响大，其甄别的准确性基本取决于面试官的素质技能水平。

2. 面试的一般步骤

与结构化面试相比，非结构化面试步骤也相当简单，主要有六个步骤：

第一，进行岗位胜任要素分析，初步确定面试测试素质特征的要点；

第二，与求职者约定面试时间，进行面试排序；

第三，对面试场地进行简单布置与准备；

第四，组织对应试者面试（面试官要做好面试记录或填写面试测试表）；

第五，面试情况汇总、对应试者评价，确定进入下一轮求职者，或通知录用；

第六，对录用者进行试用跟踪。

3. 面试信度的提升提示

非结构化面试测试题目的不固定性，以及面试官单一的决断性，决定了面试信度在很大程度上受面试官的经验、技能及提问技巧等个性素质影响。因此，当企业招聘求职者的素质没有达到能独立面试的素质技能要求时，不能由其担当主面试官。

虽然非结构化面试对面试的程序、测试题目要求较松，但并不是没有要求。面试官仍然要精心准备测试题目，围绕应提哪些问题、在什么时候提出、怎样提，在面试前都应做好准备，即草拟面试提纲，尽量依此而行，而不是随心所欲；面试的起始、展开、收尾，应做什么、注意什么、目的是什么，事前都应进行相应策划和准备。

面试官应在第一时间对应聘者的性格特点做出概略评估，以便根据应试者的具体情况有的放矢，因人而异，灵活地提出问题。既要让应试者表现出自己的水平，又不能完全让应试者海阔天空地自由发挥，冲淡面试主题。

科学设计非结构化面试评估量表。非结构化面试成绩的评价是面试过程的关键程序，它是一张内容与要求固定的表格，面试官应根据面试过程中观察和判断的结果，及时将应试者的素质特征及工作动机、工作经验等填入表中。最后，将情况综合，做出是否聘用的建议。面试成绩评价量表设计的水平，同样影响着面试的信度和效度，面试官可参照结构化面试的标准和要求，制定非结构化面试量表，以便面试官及时记录面试情况，它是克服记忆问题的有效方法。

总之，这种方法讲求简单易行，不拘场合、时间、内容，其简单灵活的方式能最大限度地缓解应聘者防御心理，便于深入了解求职者。面试官可根据现场情况，有重点地收取更多求职者的信息。还有一个优点，即成本低廉，也正是这一特点，使非结构化面试成为许多中小企业使用频率较高的面试方法。

三、情景模拟面试法之角色扮演

情景模拟面试法也简称为情景面试法，可以理解为是结构化面试的一种特殊形式。情景模拟面试法是根据岗位胜任素质标准设计能体现胜任素质要素特点的模拟工作场景，要求应试者扮演场景中的特定角色来处理与之相关的情况或问题。面试官通过对其行为的观察，测定其表现出的素质特征与岗位胜任素质要求的匹配度，从而评估应试者是否具备该岗位的胜任素质和能力的一种面试方法。

情景模拟面试法在招聘面试及人才测评中应用较广，它主要用于测试应试者实际处理问题的能力。虽然有时只是一个情景测试题，但通过观察应试者的角色行为，却能多角度地观察应试者的沟通能力、应变能力、知识技能、思维与洞察力、处理冲突的能力、组织协调能力、人际关系处理能力、语言表达能力及价值理念等。它是基于人当前行为与未来行为具有高度相关性的理论假设，给应试者设置一系列工作中可能会遇到的事件（情景），观察其行为（做法）或处理方式，来推断其在将来工作中遇到类似问题或情景时的思维与处理行为，从而达到考查其多方面实际工作能力、与岗位素质要求匹配度的目的。

情景模拟面试法常用的有角色扮演、管理游戏、公文筐处理等形式。

角色扮演法是根据招聘岗位以往常常出现的，或可能出现的工作情况或问题，向应试者描述一个场景，要求其扮演场景中的一个角色对情况进行处理。通过观察应试者在处理过程中的行为表现和透示出的思维方式，判断其素质、能力与招聘岗位要求的胜任素质之间的吻合程度，进而达成面试目的的方法。如公司需要招聘一名办公室行政专员，其中的一项素质要求是具备处理应急事件的能力。我们可以描述一次公司两个部门的员工，因工作发生激烈冲突的情景，要求其以调停者的身份对事件进行处理。通过其在处理此冲突中的行为表现，对其应急处理事态的能力素质进行评估。

角色扮演法成功实施的关键是情境的设计水平，面试官应熟练掌握情境设计的要点和要求。

第一，确保情境具备基本的可推敲性。可以对原岗位曾经发生的事件进行加工精炼，使其成为面试情境；可以针对岗位未来可能发生的问题或事件（冲突），设计成情境；也可以借用其他单位同岗位出现的问题加工成情境。不管用何种脚本，都可以根据岗位的要求增加矛盾或冲突及解决问题的难度，但设计的根本要求是经得起逻辑推敲，表现出较强的真实属性；

第二，情境设计要根据岗位胜任素质的要求，设计出能够考查应试者相应素质的冲突（问题）点。它要求情境中的细节描述（指考查点的细节）要全面、准确，如时间、地点、人物关系、事件起因、经过、矛盾点、待解决问题、角色立场及理由等信息，应阐述清晰；

第三，勿设计古怪情境。角色扮演的目的是通过实境的方式，考查应试者的适岗素质特征，面试官应根据岗位的胜任素质要求进行情境设计，不可偏离主题，除非岗位在胜任之外还有发展要求。

某汽车配件公司为提高生产效率、降低成本，决定在公司探索实施全员绩效管理，为完成工作任务，公司决定招聘一名专职绩效专员。为此，人力资源经理准备在面试时使用情景面试法中的角色扮演法，设计了这样的情境。

公司准备推行全员绩效管理，制定了绩效实施方案，直接下发各部门征求意见，但遇到了极大的阻力。

生产部门认为：我们现在已经实施了目标管理与计件工资制相结合的管理制度，此方法运行顺利，员工也比较认可，没有必要再搞新的东西。

销售部门认为：现在实施的基本工资加销售提成的激励方法，简便易行，效果很好，大家习惯了，另搞一套激励方法，会有很多人不适应。

财务部门认为：财务人员工作专业性强、工作内容单一，如记账就是记账、进行成本计算就是成本计算，所有的差错从账面上都逃不过去，实施绩效管理完全没有必要。

假如你是绩效专员：

（1）请分析一下产生这些认识的原因。

（2）如何与这些部门进行沟通，消除大家的认识误区。

（3）实施绩效管理的基本思路是什么？

说明：你有 5 分钟的思考时间，在回答之前，可以就不清晰的问题请求复述或解答。

这一情境题目，目的是考查应试者的4个主要素质：

（1）专业技能及知识。

（2）沟通协调能力。

（3）组织计划能力。

（4）绩效管理理念。

面试官在进行面试时，应观察应试者对问题的分析及阐述所表现出的素质特征、知识技能与上述4个考查要素点的吻合度，并做好记录。

四、情景模拟面试法之情境推演与公文筐

情境推演也称管理游戏，它是在应试者较多的情况下采用的一种情境面试方法。一般是将几名应试者编成一个小组，明确小组的任务，再给每个小组成员分配特定的任务，合作配合完成小组任务；也可以不明确每个小组成员的特定任务，只明确小组任务。面试官通过观察每位应试者在完成小组任务时的行为表现，来判断其素质特征与岗位胜任要素的吻合度。如将几名应试者编成一个汽车推销小组，讨论设计某款汽车的营销方案，测评每位应试者的素质特征。

目的：考查应试者的沟通能力、理解能力、协同能力、分析解决问题能力。

情境：5名应试者组成一个工作小组，任务是说服一位村民（村民由招聘人员扮演）捐出家中仅有的1000元，修建村里的小学校舍。时间是40分钟。每名应试者都应根据任务积极开展说服工作。

村民可对说服小组的每个成员的说服采取回应，但也可以保持适度的沉默；说服小组可以集体商讨说服策略和方法。

公文筐测试是最常用的一种情景面试方法，它要求应试者扮演管理者角色，处理部属呈送（报）的一组文件，或就一组文件、问题的轻重缓急排出顺序并进行处理，依据应试者对公文的处理情况，面试官对应试者的

素质特征做出评价，根据评价评估与岗位胜任素质要求的匹配度。

公文一般由文件、备忘录、电话记录、上级指示、调查报告、请示报告等组成，可多可少，一般不少于5份，不多于20份。注意：设计公文筐时，每个求职者批阅的公文可以一样，也可以不一样，但难度要相似；公文有来自上级的、有来自下级的、有组织内部的、也可以有组织外部的各种典型问题或日常琐事、重要事项。

进行公文筐测试前，应向应试者介绍假设企业的背景材料，然后告诉求职者现在在这家企业的职务是以一位真正的手握实权的负责人的角色全权处理各种文件。

根据公文筐的难度和题目数量设定好完成的时间限制，并向应试者做出说明。

面试官在面试观测的过程中，应注意应试者对处理文件的顺序、每一份文件处理所使用的时间、何种文件进行了授权、处理文件的行为表现等进行记录，并依据预案评分。

应试者处理完公文筐后，面试官还要对应试者进行访谈，主要询问应试者对每份文件是否按重要性进行了分类，为什么？对每份文件处理的意见是什么？理由是什么？

访谈时间不宜过长，一般是20～30分钟。如果是面试组，大家要充分交换意见，做出集体评估。

情景模拟测试法较之其他面试测试有着独特的优点，概括起来主要有三个方面。

（1）适岗性强：由于情景模拟法所设计的测试情景题是以招聘岗位为背景，真实地凝练了该岗位常见的工作或问题，给出的相关信息、材料和所处的环境都是以岗位现状或未来可能为依托，决定了所甄选的人员与其具有比较高的匹配度。

（2）呈现真实：面试中最害怕的是面试官对应试者行为与思维倾向性的误判，而误判的一个重要因素是应试者因紧张不能表达或不能完全表达自己的意图。情景模拟法最大限度地排除了前期（应试紧张期）应试者与面试官的直接交锋，而是自己独立地对情景进行分析、判断和处理。最后面试官访谈时，应试紧张期已过，心理也会进入适应区，可以较轻松地表达自己的想法。

（3）信度增加：如果以对某一问题进行阐述的方式来测试应试者分析和解决问题的能力，往往会陷入对观点正确与否判断上的困扰，因为很多时候用哪一种思维方式处理问题都有其足够的理由，也不一定就是错误的。而情景模拟法给出的条件和环境接近于现场，问题也是实际工作的再现，具有很强的关联性，应试者在考虑解决问题方法时，可以根据这些“真实”情况，进行全面分析处理，不至于就问题论问题，而陷入空乏的理论说道，增加面试官判断的难度。因此，其分析问题与处理问题的能力是在“复杂”的“环境”中得出，素质测试结果的信度会大大增加。

有一句话说得好：“适合的就是最好的。”对于情景模拟面试，我们不必拘泥于已有的做法，可以根据其基本的要求和原理，参照工作岗位的特点，充分发挥自我的聪明与智慧，设计出适合企业岗位胜任素质要求特点的形式进行测试。

五、行为面试法

行为面试法是通过要求应试者描述其过去某个工作或者生活经历的具体情况，了解应试者素质特征的方法。其基本假设是“基于过去的行为，去推测未来的行为”。如面试官问：“在你的人生中是否有与他人产生激烈冲突的事件？你印象最深的是哪一次？请讲述一下过程和结果。”大多数人会有这样的经历，面试官正是通过倾听应试者对当时自我行为的描述，来分析和判断其素质特征的。

行为面试法一般是一对一的形式，即面试官（有时会配有记录员或观察员）与应试者；也可以多对一的形式，即多位面试官与一位应试者。场地设置较为简单，可以是专门的场地，也可以是办公室或小型会议室，其基本要求是尽量安静、免受干扰。行为面试法可以看作是传统面试法的升级，最大限度地消除面试官提问的随意性。

成功实施行为面试法的前提条件有两个：一是面试题的准备；二是面试官对应试者行为的分析判断能力。面试官的素质与能力本书全程都在论述，在此，我们重点讨论行为面试法的面试题问题。面试官在进行行为面试之前，要进行充分的面试题准备，否则，无论是概略提问还是漫无边际的随意提问，都会重新走进传统面试的胡同。面试题的来源是基于拟招聘岗位的胜任素质要求，通常考虑以下几种要素：

（1）岗位胜任素质要素中有要求，但简历中相关要素呈现不充分或模糊不清，或对简历中已有的呈现需要进行再证实。如销售人员的岗位胜任素质要求应试者必须有较好的语言表达能力，简历中没有相关的描述或仅从简历无法判断应试者的语言表达能力。面试官可以就此设计考查题：你是否参加过演讲比赛，情况如何？你能否讲述一下在学校时你最中意的一篇作文？当然，题目还有很多。一方面，可就应试者对题目的叙述来判断其语言表达能力；另一方面，也可以从其表述中观察其语言流畅性与意思表达的层次性，评估其语言表达能力。

（2）根据岗位胜任素质要求设计考查题目。这应该是一组题目，用于考查应试者适应岗位素质要求的关键要素。关键胜任要素是行为面试的必有题目，不可缺失。

（3）根据岗位发展需求，或此岗位可能需要的拓展、延伸需求设计成考查题目。如招聘一个财务部门的会计，除非公司有明确的要求或财务部门确实没有必要，面试官就不能只就考查应试者的会计岗位适岗素质设计考查题，还应考虑其对财务整体运作、资金筹划、税务筹划等技能知识和理念，为个人及公司发展预留出素质储备。

行为面试法虽然对考查题目的设计要求简单，但对面试官的素质要求及技能要求较高。

第一，营造融洽和谐的面试气氛。在面试正式开始前进行适当的预热，如面试官做简要的自我介绍，请应试者进行简要介绍等。其间，可以聊一些无关面试的个人或生活问题，时间 5 分钟左右为宜。而后，请应试者介绍一下最近的一份工作的情况，这样做不仅可以缓和气氛，还可以为正式面试起到铺垫和过渡的作用。

第二，控制事件描述向主题、翔实性趋势发展，以期获得准确的素质判断信息。行为事件应包含：事件发生的情景；事件中所涉及的人；应试者在该情景中的思想、感受、期望与认识；应试者在此情景事件中的做法；事件的最终结果等内容。应试者有些描述会符合考查的要求，但有些会含糊不清，此时，面试官应就此展开细节追问，直到获取想要的结果。对于描述得过于简单的情节应提示其详细描述；在求职者叙述跑题时要及时提醒，以节省面试时间。

第三，切勿引导和误导。行为面试法的根本目的是面试官通过应试者对自我在事件中的行为再现，判断其素质特征。面试官应以提问和倾听为主，坚决杜绝引导、诱导、误导等行为。这并不是说面试官故意而为，很多情况下是无意间透露给应试者不应给的信号，造成其应势描述，使面试官产生误判。

行为面试法是中小型企业招聘面试中最常用的方法之一，它具有实施简单、准备周期短、工作量小、成本低的特点与优势，深受广大面试官欢迎。

六、评价中心技术

评价中心技术是以情景模拟为主导，将职业倾向测试、性格特质测试、投射测试、行为测试等多种测评方法和技术与之相结合，对人的素质特征进行综合测评的技术系统。它吸取了现代心理学、管理学、计算机科学等相关学科的研究成果，通过心理测验、能力、个性和情境测试对人员进行测量，从而实现对人个性素质特征、心理动机倾向和能力素质特性等较为准确地把握，并与岗位胜任素质要求及企业文化特性进行匹配，做到人岗相适、人企相适，为提高个体工作绩效打下基础。

二十世纪初期，德国为提高军队指挥官的能力，提高选拔军官的成功率，由军队管理人员、心理学家组成研究小组，研究军官的甄选方法，1929 年创建了一套挑选、评价方法，即现在的评价中心技术（Assessment Center or Development Center）的雏形。第二次世界大战期间，美国的战略情报局使用小组讨论和情景模拟练习来选拔情报人员，并获得了成功。美国电话电报公司根据两国军方的成果，在 1956－1960 年将其应用于工业组织对人的评价中，结果证明，在被提升到中级管理岗位的员工中，有 78% 与评价中心的评价鉴定是一致的；在未被提升的员工中，有 95% 与评价中心在 8 年前认定的缺乏潜在管理能力的判断相吻合。这一成果极大地震动了国家行政部门、企业、军队管理界。从此，通用电气公司、国际商用机器公司、福特汽车公司、柯达公司等都以此技术为基础，在人事部门（当时还没有人力资源的说法）建立了评价中心机构，对公司的管理人员进行测评，取得了良好的效果。我国约在二十世纪九十年代引进这一技术，通过近三十年的消化吸收和本土化，基本形成了具有本土特色的评价技术与方法。

如同其他测评技术一样，评价中心技术也是通过对岗位工作的分析得出岗位胜任素质标准。在此基础上，事先创设一系列与岗位工作高度相关的模拟情景，然后要求应试者投入到该模拟情景中，以相应的身份完成该情景下诸多工作，如主持会议、处理公文、商务谈判、处理突发事件等。在应试者实施角色行为的过程中，面试官按照对应的测试方法和技术的要求，观察和分析应试者在模拟的各种情境压力下的心理、行为表现，测量和评价出应试者的能力、性格等素质特征。

1. 评价中心技术的特点

以情景模拟为核心的多种测试技术相结合。从测评的形式看，评价中心使用的技术主要有传统的心理测验（人格、能力、职业兴趣等特质测试）、结构化面试技术、投射测验（评估应试者的人格特质、职业动机、理念价值观等）和情景模拟测试等。其应用成功的模式是以情景模拟（如文件筐测验、无领导小组讨论、管理游戏、角色扮演等）为核心，辅以系列测评技术。

以现代人才测评理念为依托。该理论观点认为：人的行为和行为的效果离不开环境的影响，脱离环境对人的行为、能力、绩效等素质特征的观察与评价是不真实的。因此，要准确测评一个人的素质，应将其纳入相应的环境系统中。基于此理论，人们通过实践与研究逐步形成了评价中心技术。

由此，以及成功的实践，佐证了评价中心技术的独特优势：

针对性：逼真的工作环境、与岗位相适应的能力素质要求测试问题设置、基于岗位的信息条件等，都充分体现了其极强的针对性。

全面性：采用多种测试技术对应试者进行岗位胜任素质要素测试，既测试了应试者适应岗位的能力或素质，又通过测试观察了应试者的其他素质特征，有利于今后针对性的使用。

可靠性：多种测试技术、多名测试人员观察与评估，避免一言堂，最大限度地缩小评价偏差，增强了结果的可靠性。同时，加之测试人员有针对性地进行情景变换，更能测试出应试者的真实素质特征。

发展性：由于评价中心技术采用的是综合的多项系列测试技术，不仅能测试出应试者的岗位胜任素质的适应性，还能发现其潜在能力与素质，公司可以有针对性地进行培养、使用，从而提高任用的准确性，降低人力成本。

2. 评价中心技术实施步骤

评价中心技术一般要使用 5 种左右的测评方法进行测评，整个过程用时 2 天左右，测试人员由组织内部经验丰富的业务主管、面试专家和经过专门训练的领导者组成。主要内容及步骤：

第一，情况介绍（向应试者进行测试说明）；

第二，初步面试筛选；

第三，组织实施情景模拟测试（将应试人员分组，进行管理游戏、演讲、案例分析、角色扮演、公文筐处理、无领导小组讨论等，这一环节用时一天左右）；

第四，测试组成员进行分析，汇总情况；

第五，将应试人员的素质特征与岗位胜任素质要求进行匹配，并按吻合程度对参与的求职者进行排序；

第六，确定录用人选。

尽管评价中心技术在甄选人才上有很高的可信度，但也存在很多缺点：与其他素质测评方法相比，测评费用高；操作难度大，对面试官及测试组成员技术要求高，未受过专门训练很难担此重任；测评案例、材料的准备花费时间长，投入精力大；不能全面反映人才的素质特征等。鉴于此，评价中心技术更多地应用于对重要人员的测试与评价，不便于对企业普通人员的甄选。

除我们讨论简述的结构化面试、非结构化面试、情景模拟法、行为面试法、评价中心技术等常用的方法外，还有很多面试的方法，如无领导小组讨论、关键事件法、答辩法、竞聘演讲法等，但这些方法无论叫什么名称，都与前面讨论的几个方法有很强的相似性，这里就不一一论述了。

面试官应根据企业的特点、岗位胜任素质要求、地域因素等条件灵活选择、创造性使用。任何方法都没有好坏之分，评价的标准只有一个——效果，即评估效度与成本。

把面试做到极致

第五章　简历甄选：慧眼识别属于你的简历

筛选求职者简历是招聘的第一道关口，通过对简历的分析判断，可以确定其是否具备预招人员的胜任素质条件，招聘人员筛选简历技能的强弱影响着招聘的成本、招聘的成功率。工作中，一些 HR 人员要么对这一环节不够重视，要么不知道在简历中看什么，有时会将一些不符合岗位要求的简历推送到测试或面试等环节，详细甄别时，才发现是应在简历筛选环节淘汰的人员，降低了面试通过率，同时给用人单位和应聘者造成了不应有的浪费和损失。因此，无论是领导还是专业招聘人员，都应学会筛选简历。

一、简历内容透露了什么（上）

1. 求职简历的基本内容

通常情况下，一份简历应该具备 6 项基本内容：

（1）个人基本信息：姓名、年龄、性别、籍贯、户籍所在地、民族、政治面貌、毕业时间、婚姻状况、子女情况、宗教信仰、身高、体重、健康状况、住址、电话和 e-mail 等。

（2）教育背景：学历、学校、专业、学位；专业知识和技能培训经历等，学习或工作中的竞赛的获奖情况；是否学生干部等。

（3）工作经历：参加工作的情况记录，包括公司/单位、职务、就任及离任时间、所任职位的职责、工作性质、取得的成绩、证明人、推荐信等。

（4）职业规划和求职意向：掌握的专业技术、具备的能力、取得的成就和技能特长；期望从事的行业、职位；职业生涯规划；期望的薪酬及福利要求等。

（5）自我工作描述：对工作的认识、工作态度、工作情况的自我描述、评价，成功的经验、失败的教训、突出的成绩、自我感觉需要努力的方向等。

（6）性格评价：求职者的性格特点、价值取向、业余爱好、擅长领域、对团队的态度等。

简历没有固定的模式，没有强制的内容规定，这 6 个方面的内容仅仅是一般情况下应有的，不一定全面，但这些内容可以满足 90% 以上的招聘选拔简历筛选的条件。

2. 简历内容透露了什么

简历所描述的个人基本信息、教育背景、工作经历、职业规划和求职意向、自我工作描述、性格评价等内容，也许只有一两页纸，但却含大量隐性与关键性岗位胜任素质关联性要素的内容。

时间要素：时间要素在简历中多处出现，出生年月、上学时间、参加工作时间、在一个单位工作时间的长度、空闲时间……这些表述中看似平常，但细细品味却大有文章。如我们拟招聘的人员需要具备“扎实敬业”的素质，那么，在简历中的时间要素中就会有所显示。假如一份简历中，求职者参加工作的时间有六七年，其中显示其在每一个新单位的工作时间都不满三年，我们则很难确定其有“扎实敬业”的个性素质。时间要素还可以暴露出求职者的诚实特性，如时间链条接续不畅，而且又找不出原因；总工作时长与各分段时长之和不符等，这些纰漏不一定是简单的做事马虎。应说明一点，面试官不能仅从时间要素一个方面就给求职者下某一性格特征的结论，还需要更多的信息进行佐证。在对简历中时间要素的使用上，面试官应养成细致分析、深入思考的好习惯，以挖掘出更多的“宝贝”。

职业倾向要求：这是一个对岗位胜任素质要求非常重要的要素，在简历中有明显的体现。一般对于参加工作时间超过六年的求职者来说，其职业倾向或者说其喜欢从事的工作已经基本确定了（在此仅指一般情况、一般人）。如果求职者在如此长的工作年限里只从事一个专业，那么就可以说明其对此专业有着较深的倾向；假如求职者在此期间经历过几次的跳槽，而每次跳槽到新单位、岗位后都改变了自己的专业，我们很难认定其具有哪个专业的职业倾向。但是，有些情况例外，如此人参加工作的时间不足三年，年龄不足 27 周岁（这不是一个固定的年龄，只是参考），尽管有多次转换工作的记录，但也不能确定其喜欢哪一类专业的工作，因为大多数人在这个年龄还处于职业迷茫或彷徨期。

成长要素：此要素是观察一个人进取心、挑战意识、欲望强弱的重要因素。观察这一要素通常分析其行政职位变化情况，或技术级别晋升速度。它所遵循的规律是超常—正常—迟缓。一名入职三年以上的人力资源员工还没有被提升为专员，这就是迟缓了，也许其是一个没有上进心的人。因为按常规或正常情况，普通人力资源文员经过三年的历练完全有可能升为专员，这是走行政路线的人。那么走技术职称的人呢？低级、中级职称三年左右能晋升，高级职称会在前级职称年限上有所延长，五年甚至是七年的时间都属正常，当然，有些特殊职称除外，如名额限制等。还有一种情况，此人既没有走行政路线，也没有走技术职称，而是选择了一个方向钻研精进，那就看取得的业绩或成果了，如青岛港的桥吊司机、全国劳动模范许振超。成长要素主要是在正常和非正常问题中寻找。

技能要素：主要是显示其能干什么工作，其具备的技能是否能满足完成拟招聘岗位任务的要求，此要素条件相对较好判断。但现在简历中普遍存在的问题是描述技能能力水平的水分太大，能否从分析简历中挤掉技能水平水分是甄别技能要素的关键。

首先，技能水平高的人在简历中描绘技能的内容相对较多，这是心理与行为紧密关联的必然结果。心有所想，或某一知识、技能在大脑中占据主要思维精力时，会倾向于更多的表达，这验证了“三句话不离本行”的俗语。否则，求职者虽然求职的意向是某一专业，但其简历中对自己曾经的工作经历中的技术或技能表述不会太多。

其次，技能观点清晰有见地。如一名应聘人力资源经理岗位的求职者在简历中有这样一段表述：“对人力资源战略规划有较深的理解，能根据公司战略、企业核心价值观、行业特性及关键领导者的理念，对公司人力资源战略进行规划……”假如求职者没有抄袭，其对人力资源战略规划的描述虽然只有一句话，但却精练地概括了这一工作应考虑的核心要素，从表述中即可初步判断出其有较高的人力资源专业技能。

最后，对专业技能方面的描述层次分明。每一个专业技能都有关键点、一般点，技能强的求职者很清楚这些，他们在简历中表达的层次也很简洁、清晰，即使是文字表达功力不太好的人，也不会有太大的差错。因为其技能是自己的优势，正如个别不爱说话的人，当说起自己熟悉的专业时也会滔滔不绝。当然，简历中还有不少的要素能体现出求职者的技能水平状况，如从事这一专业的时间长度、专业技术职称与从事时间的匹配度等。

二、简历内容透露了什么（下）

沟通要素：大多数求职者会在简历中对自己的沟通能力做一定的描述，如直言不讳地说自己善于沟通、有很强的沟通能力、能很好地与团队成员交流等。这些表白能否说明其真的具备较强的沟通能力呢？我们不能只听其言，还要观其行，这里的行是指其简历中能显示其真正沟通能力的描述。真正沟通能力强的人不会把话说绝，这是沟通能力强的第一个特征。把话说绝的人一般有两种情况：一是根本不理解什么是真正的沟通，因为没有一个懂得沟通的人敢说“我的沟通能力很强”，充其量只会说沟通没有什么大问题；二是怕别人认为自己沟通能力差而有意为之，当然，也不能一概而论。沟通能力强的人的第二个特征，简历中废话很少，因为其较强的沟通能力所形成的习惯是“语贵”，不会将许多无用的话写进简历，面试官甄别这一点应很简单。第三个特征是简历的表达语言通俗易懂，通篇没有废话，更不会有生疏怪僻的词语。第四个特征是呈现给你想要的东西较多，因为善于沟通的人有较强的理解力，能站在对方的角度去想问题，会将你想在简历中看到的信息尽自己的努力予以呈现。第五个特征是很少有错别字，不单单是其细致，也是怕筛选简历的人产生误解。

人际要素：仔细分析和观察简历，关于求职者的人际素质，其间会有不少的呈现，这里并不是指求职者王婆卖瓜式的自我表白，像人际关系良好、善于团结、有很好的人缘等，不一定是直白的文字。其在一个由多人组成的团队中持续工作的时间长度，基本上与求职者的人际关系能力成正相关；简历中所透出的谦和性、仁爱、沟通能力等，都与人际关系有很强的相关性，只要用心体悟，在字里行间下足功夫，不难发现蛛丝马迹。

支持要素：是指对求职者工作有一定影响的自身以外的条件要素，如婚姻状态、子女年龄、家庭住址、住址到单位的距离及交通情况、父母年龄及健康状况、受教育情况等。这些虽然不是直接影响工作的素质特征，但有时也会强烈地干扰工作。当一名求职者成为企业员工后，企业是不能以这些理由辞退的，否则有可能触犯法律。所以，面试官应在筛选简历这一环节预见哪些因素会对求职者今后的工作形成重要影响，在条件许可的情况下将其排除。

学习要素：这是一个非常重要的素质要素，可以肯定地说学习力强的人无论在什么样的岗位，积极性、态度、劳动效率都会相对较好。由于我们在后面的章节中还会重点讨论，加之前面的成长要素中也包含部分内容，在此就不多赘述了。

性格倾向要素：这是对胜任岗位工作任务有重要影响的因素之一，是面试官筛选简历考查求职者素质特征的基本内容和要求，由于其在简历中的隐蔽性较强，所以，面试官没有一定的技能功夫很难发现或分析清楚。

正是求职者性格倾向特征考查的复杂性，决定了其是一个从简历筛选、面试、职业倾向测试、试用等全过程考查的项目。对此，在简历筛选阶段，仅要求面试官能评估出其概略的个性特征即可，目的是排除一些存在明显性格缺陷的人进入面试环节。排除缺陷性性格并不是说全部排除，它仅仅指与岗位胜任素质要求不相符的人。如客服岗位，有特别自负性格特征的人就不太适合。有此性格特征的求职者，在简历中往往使用“绝对性、最、大”等词汇较多；惜字如金的沉默寡言性格者不适合做推销工作，这类人的简历不一定写得少，而是形容性词语用得相对少；粗心性格的求职者，在简历中会有很多的错误或错别字。关于性格倾向要素，不同的岗位胜任素质有不同的要求，我们在此很难穷尽，就留给面试官探索吧。

简历中所能显现出来的要素内容非常多，如耐力要素、专注力要素、职业品格要素等，有待我们去观察、分析和探索。

三、先提炼岗位要素，再看简历

通过前面对简历内容及其隐含的求职者素质特征要素的分析，对于某些面试人员存在的“人家写什么你就看什么”的观念，应有所改变。那么，面试官有没有将每一份求职者的简历进行全部的内涵要素分析呢？如果这样，怕是写几十万字的分析报告都不会写完。是的，筛选简历有很强的目的性。筛选前，我们必须确定应聘者应该具备什么条件才能符合工作岗位的胜任素质要求、完成相关工作。这是筛选简历的前期环节，正规名称为岗位胜任素质分析。有正规的人力资源管理部门的公司，一般会有每个岗位或职位的胜任素质模型，即使没有规范的模型，也会有《岗位说明书》。

我们先从基本的假设开始，即拟招聘岗位有岗位说明书。仅具备《岗位说明书》，一些招聘人员还不一定能证明其真的知道要在简历中看什么。因为简历所列举的应聘者的条件，很多情况下不可能与拟招聘岗位的岗位说明书要求的条件完全吻合，这就要求招聘甄选者认真研究职位要求，挑选出必需的、岗位不可缺少的几个关键素质条件作为甄选标准，来筛选简历，寻找适合者。

我们以营销专员职位说明书为例，进行分析和要素条件转化，如表 5 – 1 所示。

表 5 – 1　营销专员职位说明书

编号：

<table>
<tr><td colspan="2">职位名称</td><td>营销专员</td><td>所属部门</td><td>营销部</td></tr>
<tr><td colspan="2">直接上级</td><td>营销主管</td><td colspan="2">直接下级</td></tr>
<tr><td colspan="2" rowspan="2">任职资格</td><td colspan="3">1. 学历、专业知识：大学专科以上，具有市场营销、企业管理等相关专业知识</td></tr>
<tr><td colspan="3">2. 工作经验：一年以上相关工作经验</td></tr>
<tr><td rowspan="8">职责一</td><td colspan="4">职责表述：营销工作</td></tr>
<tr><td rowspan="6">工作任务</td><td colspan="3">1. 在营销主管的领导下，根据企业销售目标和计划，参与制订企业市场营销战略</td></tr>
<tr><td colspan="3">2. 依据企业制定所负责区域的产品营销计划，分解产品销售目标</td></tr>
<tr><td colspan="3">3. 执行企业营销策略，实施市场开拓任务</td></tr>
<tr><td colspan="3">4. 运用销售技巧，完成销售任务</td></tr>
<tr><td colspan="3">5. 按照营销主管的安排，参加标书编制和项目投标，填写《投标申请表》和《价格审批表》，定标后将结果填报《投标总结表》，中标项目填写《中标项目总结表》</td></tr>
<tr><td colspan="3">6. 策划和参与客户到公司或其他投产客户的参观考查</td></tr>
<tr><td colspan="4">考核重点：市场开拓情况、销售任务执行情况</td></tr>
<tr><td rowspan="9">职责二</td><td colspan="4">职责表述：客户关系管理</td></tr>
<tr><td rowspan="7">工作任务</td><td colspan="3">1. 收集潜在客户资料和新客户资料，为营销工作做好准备</td></tr>
<tr><td colspan="3">2. 建立与维护客户关系，对于重要客户要保持经常联系和回访</td></tr>
<tr><td colspan="3">3. 及时了解客户需求，向客户反馈产品和行业发展情况</td></tr>
<tr><td colspan="3">4. 定期向客户了解产品的使用情况和对产品的改进意见</td></tr>
<tr><td colspan="3">5. 及时、有效地协调和处理客户投诉，保证客户对企业的满意度</td></tr>
<tr><td colspan="3">6. 与调度专员一起，掌握合同执行情况，为客户提供全过程服务</td></tr>
<tr><td colspan="3">7. 做好客户回访工作，要求客户及时提供顾客评价反馈表和用户意见</td></tr>
<tr><td colspan="4">考核重点：客户忠诚度及满意度</td></tr>
</table>

续表

<table>
<tr><td rowspan="6">职责三</td><td colspan="2">职责表述：销售账款管理</td></tr>
<tr><td rowspan="4">工作任务</td><td>1. 掌握合同执行进度，及时提出收款要求</td></tr>
<tr><td>2. 应收账款的核算、催收</td></tr>
<tr><td>3. 制定负责合同回款计划、发票开具计划，制订切实可行的措施，每日向销售主管报告进展情况</td></tr>
<tr><td>4. 对于逾期货款，及时向销售主管提交风险控制报告</td></tr>
<tr><td colspan="2">考核重点：账款回收及时</td></tr>
<tr><td rowspan="8">职责四</td><td colspan="2">职责表述：其他相关职责</td></tr>
<tr><td rowspan="6">工作任务</td><td>1. 为企业提供市场趋势、需求变化、竞争对手和客户反馈等方面的准确信息</td></tr>
<tr><td>2. 协助企业建立客户信用等级档案</td></tr>
<tr><td>3. 客户档案、销售资料管理</td></tr>
<tr><td>4. 定期向上级提交客户状况分析报告</td></tr>
<tr><td>5. 完成公司和部门领导交办的临时工作</td></tr>
<tr><td>6. 工作记录完整</td></tr>
<tr><td colspan="2">考核重点：客户档案齐全、掌握客户生产经营情况</td></tr>
</table>

从《职位说明书》中，我们可以确定职位要求的内容主要有：学历、专业知识、工作经验（只是说了相关工作一年以上，算不上是工作经验的要求，只能算是工作年限）、工作职责、考核、上下级等，如果仅以此单纯地与通常求职者递交的简历上所表述的内容比对，很难判断求职者是否能完成岗位说明书中所设定的职责。如何使岗位说明书与简历实现对接，首先要做的就是将岗位说明书中的主要内容提炼成岗位胜任素质。以此岗位说明书为例，它所要求的营销专员岗位胜任素质主要有下列要素：

学历、专业、工作经验（这是硬性要素条件）；

综合分析与筹划能力；

细致、勤奋；

沟通能力；

人际能力；

协调能力；

学习力等。

有了这些岗位胜任素质要求后，再与简历中表述的内容进行分析和对比就容易多了。如综合分析与筹划能力要素，我们可以在简历中寻找，有没有工作任务分析、分解成实施计划的表述或记载；开展工作的条理性方面的描述；整个简历的结构设计、层次是否简洁、分明；某项工作或任务的完成情况等。当这些情况显示出肯定性时，那么我们就可以初步评估，此求职者具备一定的综合分析与筹划能力。

假设一个岗位的胜任素质中有“爱岗敬业”的要求，那么可以看其在一个单位的持续工作时间、在此期间的工作业绩等。如还有“业务技能突出”的要求，则可看其从事销售一线工作的时间、担任的职务等。

也许这样说还不太明了，我们可以这样理解，就是将胜任素质描述转换成“简历语言”。如有些岗位要求受聘人具备“协调能力”，它的“简历语言”一般这样描述：职务、任职时长、从属人员数量等。如果一个应聘者有一定的职务，其管理的部属超过 5 人，且任职时间超过 2 年，那么可以判断出这个人应该具备一定的“协调能力”。

所以，我们在看简历前，应先将岗位说明书中的主要任职要求提炼转化成岗位胜任素质条件，然后再将其转化成“简历语言”，就可以确定拟招聘岗位需要重点看的求职者的简历描述了。

四、简历应该怎么看

看简历除了要看与岗位胜任素质要求有关的求职者素质特征外，还要关注 6 个方面的信息，从这些信息中发现有价值的东西。

1. 工作年限

除了较新（指参加工作的时间低于 5 年）的人员外，从工作年限描述中能找到很多有用的东西。如求职者在每个单位的连续工作时间都没有超过一年，或没有一个单位工作两年以上。这样的人极有可能是专注力不强的人；没有自我职业兴趣点的人；人际交往能力差的人；情感契约不强的人……

如果我们的职位对专业能力要求较强，这样的人无论在简历中写的自己的专业能力多么强，你都不要相信。

2. 从事的业务

简历中一般都要描述求职者的工作经历，当其跳槽多次，而经历的工作并没有指向同一个专业领域时，此人的敬业度很低，更不会是个吃苦耐劳的人……一般情况下，求职者年龄超过 35 岁，且多次跳槽，并没有在一个单位的一个专业上连续工作满 3 年以上的表述，则很难在今后的工作中做出突出业绩。

3. 简历的工整度

不拿自己的简历当回事儿的人，也不会拿公司的工作当回事儿。简历的工整度彰显出一个人做事的条理性，也体现出一个人对待事情的态度、做事的能力、专注程度等。语言通畅度能显示出一个人的表达能力，同样还有条理性、对事的态度及自我要求。前提需要注意，简历应是求职者自己做的。

4. 自我评价

着笔最多的部分就是求职者的强项或擅长兴趣点。但是，如果我们能从简历的其他部分表述中找出可靠的证据推翻这一结论，那么这个求职者很可能是一个说谎者，因为他在用一种东西掩盖一种真相。

通常自我评价部分的描述最能显示求职者的本质特征。认真分析能挖掘出很多有用的东西，如求职者性格与岗位性格是否匹配、关键岗位特性与求职者的特性比对等。

5. 学习性特征

学习性特征一般是指求职者的进取能力与吸收信息的强度，它散落在简历的各个部分，需要进行筛选汇总才能得出。如一个学习力强的人会在简历中表述出对某一专业的专注和兴趣，会有不止一次进行与之相关的业绩表述，关于“学习进取”的语词出现的频率也会很高。

6. 和谐与交际能力

这一能力主要是看求职者从事过工作的协作性与独立性，如果其从事的多是协作性强的工作，且持续时间长，即可以肯定其人际交往能力。如果其从事的需要人际交往与协调的工作岗位的时间都不长，面试官就要怀疑。

注意人的很多素质特征在简历中大多表述并不明显，而且很多是零星散布，需要有意识地进行挑选、提炼。但是也要注意，不能进行猜测或捕风捉影，要找到其中能证明的东西。一般情况下，证明一个素质特征需要两处以上的表述。否则，不能说明此人真的具备这一素质特征。

除此之外，面试官应牢记所招聘岗位的胜任素质要求，它是对求职者简历显现的素质特征，与岗位胜任素质特征比对的基本条件。同时，要坚决抛弃仅凭求职者照片或简历中的点滴信息进行猜测的陋习，树立科学推理的习惯，在佐证信息不全或不足以证明某素质特征时应果断放弃，留待求证，绝不能勉强给出结论。

第六章 面试准备：预则效高而患少

凡事预则立，不预则废。精细的面试准备是招聘成功的前提，能大大提高招聘效率、降低招聘成本，优秀的面试官都深谙此道。面试准备的内容很多，最根本的是面试官的素质和技能水平，对此，全书各章节都有讨论，本章我们重点讨论除此之外的一些事务性准备工作。

一、设定筛选苛度

设定筛选苛度是面试准备应优先考虑的问题。筛选苛度是面试官在岗位胜任素质标准的基础上，根据人力资源市场的供需状况，灵活规定素质标准的降低或抬升的一种操作。筛选苛度的掌控对招聘的成功与否、成本和效率有着极其重要的影响。当人力资源市场中某类人员供应旺盛，而需求疲软时，则可以提高筛选标准；反之，则要降低标准。近年来，大量高中生选择了热门的市场营销专业作为自己的高考志愿，使此类专业的毕业生数量大增，那么，我们在招聘此类岗位的员工时就可以提高素质要求。

筛选苛度的设定关键是要进行详尽的人力资源市场分析（也称为劳动力市场分析），或人力资源市场调查。劳动力市场分析按空间状态可分为全球性分析、国家级分析、区域内分析等；按行业可分为服务性人力市场分析、生产性人力市场分析、研发性人力市场分析等；按从事专业可分为管理性人力市场分析、技术性人力市场分析、营销性人力市场分析等。还有很多的分类方法。劳动力市场分析的数据信息，大多数国家或政府相关部门都会定期进行调查研究和公布，企业可以免费使用，优点是全面、权威、及时、准确，缺点是过于宏观、针对性弱。企业如果需要掌握精准的劳动力市场情况，有两种方法可以选择：一是请专业调查公司进行调查或是购买；二是自己组织调查研究。这两种方式的好处是针对性强、准确，缺点是成本高。我们可以根据企业的需求情况灵活选择。

目前大多数企业对此重视不够，HR 们也乐意采取推测加感觉的方法，或者是采取“姜太公钓鱼，愿者上钩”的招聘模式开展招聘工作。这都是招聘的惰性行为，不但会增加招聘成本，还浪费时间。同时，对市场判断不准确，会无端降低或拔高要素标准，造成资源浪费，加大流失率。因此，面试官在实施招聘前，不管领导是否支持做劳动力市场调查，自己也应在理念和行为上有正确的认知，尽自己所能做好调查或评估，撰写出分析报告，并结合调查情况有针对性地分析确定招聘岗位的胜任素质标准和要求，以提高招聘效率。

二、面试工具的准备

面试前应根据面试所选用的方式、方法，进行相应的面试业务工作的准备，不同的面试方法，准备也是不同的。通常的准备项目有：岗位胜任素质标准、拟提问问题提纲、应答评估记录（表）、面试登记（或实施记录）、面者简历及名单等。面试评估表如表 6－1 所示。

面试实施方案是面试的基本文件，包括面试的目的、时间、地点、组织方式、面试团队成员、面试的方法、原则要求、实施步骤、人员分工、评估方法；每小时面试的人数、人数/天、简历与入选比例；初试与复试比例；复试与试用比例等。面试实施方案根据面试的人数、拟招聘岗位的重要程度，可繁、可简。其根本目的是明确基本的流程、步骤，确保面试的准备与实施有条不紊、有章可循，提高效率，分清责任。

表 6－1 面试评估表（例表）

年 月 日

姓 名		性 别		年 龄	
学 历		毕业院校		应聘岗位	
期望薪资		是否接受岗位调剂			
前职薪资					
	较差	一般	基本满意	较好	优秀
仪容仪表、礼节、精神状态					
自我表达能力					
逻辑与思维能力					
情绪管控能力（情商）					
工作经验与应聘岗位匹配度					
专业技能					
自我职业规划					
工作计划性、组织实施能力					
离职原因					
求职动机					
事业进取心、工作动机与期望					
分析判断能力					
自知与自控能力					
组织协调能力					
……					
说明：面试官根据面试提问应答标准，结合应试者的回答，在对应项栏中打“√”					

续表

用人部门综合评定： 录用意见：□拟予试用　□列入考虑　□不予考虑　推荐其他职位：____________   用人部门负责人：
综合管理部综合评价： 背景调查结果：不符合（　　）　基本符合（　　）　完全符合（　　）　无法证实（　　） 聘用意见： 建议岗位：________________工资待遇：________________   人力资源经理：
分管领导意见：
总经理意见：

面试实施方案没有固定的模式，只要将重点工作、步骤、方法、人员、流程等叙述清楚即可，下面是一则摘录网络的面试实施方案，供编制时参考。（摘自：唯才教育网）

某公司招聘面试工作方案

为了确保公司2014年招聘业务人员、技术人员面试工作有计划、按步骤、有条不紊地进行，特制定本工作方案。

一、时间

2014年4月23日（星期三）—4月24日（星期四）。

二、地点

面试地点：总经理办公室。

应聘人员等候地点：公司会议室。

三、应聘岗位人数及相关要求

技术部：1人。

主要职责：负责系统操作的执行及运行监控，设置、更改业务系统的一般参数和重要参数，负责系统日常维护、业务升级操作的执行，对规范化和准确性进行监管，参与数据库系统在性能容量、可靠性、安全性等方面的分析。

学历及专业要求：全日制大学本科及以上学历，计算机应用等相关专业。

工作经验：1年以上从事系统维护、技术开发等相关工作经验。

业务部：2人。

主要职责：协助部门总经理组织项目实施，统筹管理项目运营、支付清算、客户服务、终端维护等工作，并承担分管业务；配合部门总经理推动部门内部建设和队伍培养。学历及专业要求：全日制大学本科及以上学历，金融、市场 营销等相关专业。

工作经验：1年以上从事卡务销售、市场销售等相关工作经验。

四、场次安排

第一场：

时间安排：4 月 23 日（星期三）19:30 至 21:30。

面试人员范围：业务部应聘人员，共 15 人。

面试官：

行政人事部工作人员：

第二场：

时间安排：4 月 24 日（星期四）19:30 至 21:30。

面试人员范围：技术部应聘人员，共 12 人。

面试官：

行政人事部工作人员：

五、组织分工及职责

面试工作由行政人事部具体负责组织实施。

1. 考官及职责分工

（1）每场面试由主考官负责向应聘者提问。

（2）每位面试官均需在《面试考核评分表》上按评价方向和评价要素打分评价，并计算出总分。

2. 主持人及职责分工

（1）负责主持全场面试工作。

（2）宣布面试开始和结束。

3. 行政人事部职责分工

前期准备：

（1）准备面试工作所需的各类文字材料，主要有《面试工作方案》《面试考核综合题库》。

（2）准备面试工作所需的各类表格，主要有《应聘人员签到表》《面试考核评分表》。

（3）负责通知应聘人员面试时间、地点及相关准备事项。面试当天，负责考场、候考室布置。

负责考场候考室、考场饮水及工作人员晚餐等保障工作。

负责候考人员签到，维持候考秩序。

负责组织引导候考人员参加面试。

负责处理候考过程发生的各类问题。

负责提醒面试结束考生离开考场。

负责考官所打分数的登记、统计。

负责面试结束后清点回收考场各类资料，收集、整理、装订考官评分表，并进行统计。

六、面试程序

1. 开场：建立融洽的氛围

目的：初步相识，让应试者感到自然、友好与礼貌，同时为公司建立良好的形象。

内容：核对是否约见的人，同时观察应聘者的外貌、衣着、礼仪，让应试者自我介绍。

时间：2～3 分钟。

2. 核心：提问与考核

目的：考核应聘者与工作相关的经验与能力。

内容：分为两部分，运用面试考核综合题库，考查候选人综合素质。

（1）了解、核实背景。如学历、工作经历、职位发展及具体时间、具体职责、离职原因、应聘动机与期望薪水。时间：5～7 分钟。

（2）考核个性品质、能力与资质。询问以个性品质、能力为基础的问题；用过去的工作事例预测将来的工作方式、业绩；总结具有的资质并分类分级。

时间：8～10 分钟。

七、考官注意事项

（1）保持目光接触并仔细聆听。

（2）多听少讲：把 70% 的时间留给应聘者发言，因为面试官讲得越多，得到的信息就越少。

（3）恰当使用各种询问技巧。

（4）使用面试考核评分表进行评估。

（5）避免对应聘者的回答发表个人意见。

（6）应聘者滔滔不绝时要适当打断，控制回答的方向。

（7）观察应聘者的身体语言。

（8）时间控制。

附件 1：应聘人员签到表

附件 2：面试考核评分表

附件 3：面试考核综合题库

行政人事部

2014 年 4 月 16 日

三、组建面试团队，准备面试场地

1. 面试团队

选定面试团队，这是决定面试成败的关键。面试团队一般由五部分人员组成。

组织保障人员也可称其为服务支持人员。此类人员没有专业性要求，一般文员等皆可胜任，主要任务是帮助面试官进行场地设置、对应试者进行排队和引领、场务保障等。

人力资源专业人员主要是担任某一项目考查的面试官，负责组织面试。

专业人员主要是指用人单位的专业技术人员，其任务是对求职者进行专业技能方面的面试，或在面试官进行专业技能考查时提供支持。

管理人员一般为人力资源部门的领导、公司相关领导、用人部门领导等，其任务是对求职者进行专业技能或工作态度等方面的面试，有时也会作为辅助面试官，或者面试的组织负责人。

主面试官是面试的主角，也是面试的关键人物，其对应试者的考查评价权重在整个面试团队中最重，通常担任面试的主负责人或整体组织负责人。主面试官应具备的素质与能力有特殊的要求，一般应满足下列条件：

（1）具备广泛的人力资源专业知识，特别是识别人潜能的技能，能熟练运用心理学、社会学、管理学等知识对应试人员进行价值理念、性格特征的评估与甄别。

（2）具备良好的个人品德和修养，做事公正、公平，以客观标准评价人或事，不以个人好恶而为，善于倾听与自己不同的意见，并给予客观的接纳。

（3）具有丰富的社会经验，能借助于工作经验的直觉来正确判断应聘者的素质特征，所以，主面试官一般应有年龄或工作年限的要求。

（4）能熟练运用各种面试工具、技巧，掌控面试的主题和进程，能察觉应试者心理上的变化，妥善舒解应试者的紧张状态，营造轻松气氛，受过专业训练或教育。

（5）了解组织战略及人力资源战略，了解拟招聘岗位的胜任素质要求，了解本专业人才市场的供需状况。

面试团队的组建及规模，以应试者的数量、应试岗位的重要程度确定，如果仅有少数的普通岗位应试者，则可以成立精简的面试团队。如只选择人力资源部门、用人部门专业人员等1～2名面试官即可，但对于重要岗位、职位的面试，场地可简，面试官的级别、面试官的人数不可简。

2. 面试场地

面试场地是面试工作实施的平台，其布置影响着面试的效果。对此，许多专家学者都提出了特别的要求，尤其是一些经验丰富的面试官，更是善于利用场地要素，提升面试的准确率。

一般情况下会客室或会议室较为适宜，而对于高级管理人才或高级专业人才，可以邀请其在一个相对独立、舒适、宽松的环境里进行沟通式面试。

根据面试方式确定面试场所。无论是情景面试还是结构化面试，对面试场地都有特殊要求，布置时应依面试的方式进行布置，如果仅有少量的应试者，可以进行简单场地布置，可选择在办公室等较小空间进行，小组面试则要有较大空间。

无论是何种形式的面试，其场所都要求安静、舒适，有良好采光及相对封闭的环境，面试时应以不受他人的打扰为场地选择的基本标准和要求。

面试场地的布置要考虑到影响应试者心理的因素，尽量不要过于正统，或有强制性的宣传标语、制度框等。

面试座位摆放的原则。首先考虑应试者的舒适性感觉，其次才是面试官的舒适性感觉，其追求的目标是每一个人都感觉到舒适。笔者的经验是多做试验和比较，不要以自我感觉确定应试者的感觉。

四、面试官自身应注意的问题

面试官应做好介绍自己的准备。这是整个面试准备中很少有人提及的小事，然而，往往是这些微不足道的环节影响了面试官的情绪，甚至给应试者留下不良印象，使面试效果大打折扣。首因效应、晕轮效应，面试官在用，应试者也不例外。面试官的自我介绍既是面试的开场白，也是对应试者的尊重，它会拉近与应试者的心理距离，促进双方的理解与了解。

仪表是双向的，许多面试官忽视了这一点。面试官将更多的注意力放在了从应试者的穿着仪表上去分析、考查其素质特征，但常常忘记自己也需要仪表的装扮。面试官应该从系统效能的角度去考虑面试，进行好一切与之相关的准备工作，自己的仪表则是其中之一。有一个观点：面试的效果是面试细节的累积。面试的细节理念不应仅仅盯住应试者，还有一面是自我，面试官的穿着、仪表也在影响应试者，并且代表着公司的形象。作为面试官，着装与仪表应与公司文化、职务层级、应试者的年龄等要求相适应，其原则是营造亲和力。

情绪调理。在情绪不稳定时，面试官要坚决不展开面试工作，这是原则性要求，也是红线。面试官的情绪状态严重影响着面试的效果，如果自己是主面试官，应有良好的自我情绪管理观念，只有在调整好自我的情绪状态时才可进行面试。同时，还应观察和管理团队中其他面试官的情绪，发现不适宜者及时进行处理，必要时进行人员调整。带着情绪面试是对公司极不负责的表现，也是对应试者最大的不公和不尊重。

心态。面试既是考查应试者的过程也是考查面试官的过程，面试官应修炼自我的心态素养，树立学习、宽容的理念，不能带着“我是主角”的心理走进面试。在掌控面试局面、进程、考查的目的、主题牵引上是主角，而在应对求职者的思维与行为结合呈现素质特征的实践中，永远是学习者、应考者。要在走进面试场之前摒弃不应有的理念框框，做好接纳一切的心理准备、应用理性客观的工具对应试者进行分析的准备。

面试之根是岗位胜任素质，这应是面试准备的基础。面试官的素养技能、面试技巧是面试成败的关键，它是每一个面试官需要用毕生精力进行准备的科目。

第二编

庖丁解牛，切中要害

庖丁为文惠君解牛。手之所触，肩之所倚，足之所履，膝之所踦，砉然向然，奏刀騞然，莫不中音：合于《桑林》之舞，乃中《经首》之会。

庖丁解牛是大多数人知晓的一则寓言，清末学者王先谦在《庄子集解》中的庖丁解牛寓言故事前写道："吾生也有涯，而知也无涯。以有涯随无涯，殆已！已而为知者，殆而已矣！"意为：人们的生命是有限的，而知识却是无限的。以有限的生命去追求无限的知识，势必体乏神伤，既然如此还在不停地追求，那可真是十分危险了！

世间最复杂的生物非人类莫属，因为人类除具备动物的一般属性外，还有一项人人都在探索，却无法穷尽，甚至至今连答案都不能确切给出、仍在苦苦解释的思维、态度和心智。面试官恰恰是在运用自我的智慧，对人的思维与行为进行关联和解读，其难度不言而喻。面试官不是超人，无法透视人的心底世界，这是事实，但这并不能断言我们对人的态度与思维世界的探察会束手无策。细品庖丁解牛，它给了我们的面试工作以有益的启示。既然不能全面剖析出人的精神世界，那就像庖丁一样，反复实践、寻找规律，选择好突破口，就一定能切中肯綮。

本篇将呈现：5 + X 内涵；为什么是 5 + X；5 + X 核心要素甄别技巧；运用 5 + X 注意的问题；如何评估求职者的人格特性；如何评估求职者的认同度；如何评估求职者的学习力；如何评估求职者的沟通力；如何评估求职者的专注力；如何评估求职者的业务技能等。

第七章　避繁就简：5 + X 人才甄选法

“将合适的人放到适合的岗位上。”这是人力资源管理中耳熟能详的一句话，也是对人力资源管理的基本要求，说起来容易，做起来就不轻松了。它既涉及需求岗位的用人标准问题，又涉及选择与此标准吻合度最高的人的方法问题。对此，我们调查了很多企业的管理人员、人力资源管理专业人员，超过九成的受访者认为无法确切回答，其根本原因是岗位胜任素质的标准难以把握。

有人说：“将每个岗位建立起岗位胜任素质模型，这一问题不就迎刃而解了吗?”又是一个很轻巧的说法。在我们的调查中，90%以上的企业没有岗位胜任素质模型库，仅有50%左右的企业依靠岗位说明书中的任职资格要求对求职者进行选择，更多是凭经验或岗位的概略任务来甄选适岗者。

一、构建岗位胜任素质模型

针对将“合适的人放到适合的岗位上”这一课题，许多有识之士、企业管理者、人力资源管理人员都进行了不懈的探索，取得了不错的成果。

20 世纪 50 年代初，美国国务院越来越感到用智力因素作为基础要素选拔外交官的效果并不理想。过去一直是用智力标准作为选拔的主要标准，但这些表面上智力超群的优秀人才，在现实工作中的表现并不令人满意。于是，他们邀请著名的心理学家、哈佛大学教授麦克里兰（McClelland）博士，帮助其设计一种能够预测未来工作人员实际工作效能的选拔方法来选拔外交官。

项目研究过程中，麦克里兰博士抛弃以往的对人才的理念性假设，从分析外交官实际工作的需求出发，对工作表现优秀与一般的外交官的具体行为特征进行比较分析，以识别能够真正区分工作实效的个体条件，这一方法收效显著。1973 年，麦克里兰博士在《美国心理学家》杂志上发表了名为“Testing for Competency Rather Than Intelligence”的文章。他引用大量的研究论证事实和数据，证明滥用智力测验来判断个人能力的非科学性。同时证明，人们主观上认为能够主导工作业绩的人格、智力、信念等因素，并没有表现出想象的效果。他认为应离开被实践证明无法成立的理论假设和主观判断，以岗位直接需求为基础，直接发掘那些能真正影响工作业绩的个人条件和行为特征，以提高组织效率、实现个人能力的尽情发挥，对此他称为 Competency（胜任素质）。这篇文章的发表，标志着胜任素质研究活动的开始。

麦克里兰博士的研究成果，使人们看到了对人力资源进行科学管理的曙光，困扰企业多年的岗位用人标准问题有望得到解决，为企业人力资源管理的实践提供了一个全新的视角和一种更科学有效的工具。岗位胜任素质特征是根据岗位工作的要求，确保岗位人员具备能够顺利完成岗位工作的个人素质特征结构，它是性格特质、自我形象、态度或价值观、专业知识、认知或行为技能等的素质特征组合体，并且根据岗位所需特征素质的强弱，能显著区分优秀与一般绩效的个体特征的综合表现。

岗位胜任要求需要同时满足三个条件：

（1）上岗人员具备的素质特征条件；

（2）个人所具备的技术能力条件；

（3）岗位环境条件。

只有同时具备以上三个条件时，才可称为岗位胜任。据此，各企业对所有岗位进行分析，建立起每个岗位的胜任素质模型，作为企业招聘甄选或任职考评的基本依据。

构建岗位胜任素质模型的基本方法和步骤：

（1）确立岗位绩效标准。一般是由管理者、人力资源管理专业人员、岗位专业人员组成评定小组，通过对以往该岗位的工作数据进行分析，或随机抽取若干岗位工作人员进行现场操作得出数据，然后根据整个任务系统的要求进行论证，确定完成该岗位工作任务的基准标准。

（2）确定完成岗位工作的人员所具备的素质特征条件。根据岗位工作的性质、特点、条件、岗位工作任务标准等要素，初步确定完成者应具备的个体体质特征、性格特征、专业技能、知识、经验等素质条件，并将素质要求进行权重分析、列表。

（3）验证岗位胜任个体特征要素。抽取符合预期岗位胜任素质特征条件者，进行岗位实际工作验证。在记录好实际验证者条件的基础上分别进行个体验证，记录好工作完成情况。注意，实验验证者越多，得到的胜任素质数据越准确。所以，应尽可能进行多批次验证，但也应考虑验证成本。

另外，结合实际工作，对岗位操作人员进行各种条件、数据分析，也可以得出胜任个体的特征素质，但需要的时间较长，且需要工作记录数据完整。

（4）初步建立岗位胜任素质要求框架。在上述工作的基础上，对所有数据进行分析，根据对完成岗位工作任务实际的影响程度，确定胜任素质特征的权重，并进行排序。依照80/20法则，选取5～7个关键胜任特征要素，构成岗位胜任素质模型的基本架构。

（5）论证确立岗位胜任素质模型。对已经初步构建的岗位胜任素质模型，进行实际的检验和论证，以确定其适用性并最终确认。岗位胜任素质模型不是一成不变的，它需要在实际工作中进行修正、补充和完善。

至此，我们对一个岗位如何建立岗位胜任素质模型的方法和步骤进行了初步的分析，明确了基本的操作要求，在实施招聘、人员的提拔、培养上就可以使用了。

岗位胜任素质模型是岗位用人的基本标准，它极大地方便了人力资源管理部门，对人的甄别工作具有标准统一、相对稳定、准确性高的特点，受到众多企业或组织的认可和欢迎。

建立岗位胜任素质模型看似简单，但实际的操作难度远非如此。

一方面，对岗位采用胜任素质方法进行人员的甄选应用，是一项系统性工程，需要实验、收集许多数据，还要进行分析、论证，涉及人力资源管理、企业运营管理、组织结构设计、岗位设置分析等方面的配合与协同工作，组织实施相当复杂，工作量巨大，当期成本巨大。

另一方面，需要专业人员才能更好地完成。当今，各企业的人力资源管理人员专业水平参差不齐，技能素质普遍较低，很难胜任岗位素质胜任模型的构建工作。另外，企业管理者对人力资源管理重要性的认知度普遍偏低，很少给人力资源管理人员进行岗位胜任素质模型构建的机会、时间和资源。

鉴于上述原因，岗位胜任素质模型理论尽管在企业人力资源管理实践中得到了认可，在部分企业或组织中使用与发展也相当不错，使用结果也证明了其对提高人力资源的质量、强化企业竞争力、促进企业发展等有极其显著的作用，为人力资源管理向科学化和可操作性及适用与效率性方向发展指明了方向。但是，在企业或组织管理者所存在的对人力资源管理认知上的差距、企业人力资源管理从业人员业务技能的不足的影响下，它没有被普遍采用，且是大多数企业没有采用，普及程度较低，是相当一部分企业的一种理想追求。

麦克里兰博士的岗位胜任素质模型理论的先进性、科学性是毋庸置疑的，虽然每个企业都在追求，但应用不广，真是无奈。究其原因，无非两点：理念与复杂。

二、普适性岗位素质模型的探索

受麦克里兰博士岗位胜任素质模型理论的影响，我们在想：有没有一种模型，能避开对每个岗位建立岗位胜任素质模型的烦琐程序，消耗更少的人力资源管理成本，却能对每个岗位选拔人才适应，且具备简单、方便、实用、易于掌握的特点。带着这一梦想（假设），我们踏上了十年的探索之旅。

60 个岗位胜任素质需求的启示：

开始，我们选择了管理、销售、操作、文秘等 10 个岗位形态中的各一个岗位，借助麦克里兰博士的岗位胜任素质模型理论，对其进行岗位胜任素质要素的观测、分析，目的是寻找其中是否具备共性岗位胜任素质要素，我们有了初步的发现。

首先，专业素质，即业务技能是胜任的基础条件。这是大家都知道的素质，不需要探讨了，应该没有争议。

排在后面的体现胜任素质特征的要素有：

责任意识：从理念上真诚地认识到按职能要求的标准，保质、保量、准时完成任务是从业人员的基本素养。

规则意识：企业是一个组织、一个团队，要谋求发展必须制定相应的制度，用制度规范所有人的行为，才能实现步调一致，拧成一股绳。而执行这些制度的关键，对于个体来说，即是具备敬畏规则的意识，自觉执行企业的制度，这样才能降低企业的管理成本。

学习力：不管哪一个岗位，学习力是必不可少的素质要求，即使是最简单的生产线上的操作岗位。如果说有差别，也只是学习力的强弱程度上的不同，即有的岗位需要强的学习力，而有的岗位对此素质的需求则弱一些，但对学习素质的需求不可泯灭。

沟通力：无需解释，企业是团队，个人单打独斗的时代已经过去了，只要合作就需要沟通，这是每个岗位都必需的素质要求。

勤奋：怕苦怕累无法做好工作，它是工作的基础素质。

换位思维意识：这一素质要求不是体现在我们所调查研究的 10 个岗位中的每一个岗位，但它是 80% 以上岗位的要求。

韧劲：它是意志力与专注力的集合表现，如果岗位胜任的要求是精益求精、不断改善，这一素质要求是必不可少的。

感恩心态：这是投身于企业的价值观需求，适用于每个岗位。

奉献意识：以工作为重，以企业需求为重，对付出有很强的耐受力，不斤斤计较，这不仅是岗位需求的素质，还是管理者期待的素质。

爱心：即仁爱，是团队和谐的素质需求，仁爱之心的强弱影响着团队的战斗力、凝聚力。

智力：谁也不能否认，同等条件下，智力高的人做事的效率会更高。如果忽略用人的成本因素，没有一个岗位不愿意用高智力的人。

经过分析，这 12 项个人特征素质要素，对观测、实验的 10 个岗位的绩效有着主要或关键性的影响。当然，我们还发现了一些个性素质特征，也是岗位胜任所需要的，如某些性格特征等，但其对岗位绩效的影响较小，或没有产生实质性的影响，可以忽略不计。

在此基础上，我们保持原来的 10 个岗位形态不变，扩大了参与企业、岗位的数量，每个岗位形态的参与企业达到 5 个以上。也就是说，每个岗位形态至少有 5 个相同的岗位参与实验。将对岗位胜任素质要素的测评、统计、分析转换成：以上述 12 项岗位素质要求为标准，甄选上岗人员。在三年多的时间里，先后有 66 人在这 10 个岗位形态的 56 个岗位上从事工作，超过 91% 的人（其中有 4 人不胜任工作，1 人中途退出）通过综合评定，能胜任工作岗位的要求，顺利或出色地完成了工作任务。这一成果初步验证了以这 12 项共性素质特征为标准，选择 10 个岗位形态的上岗人员的方法有一定的可行性。

该成果给了我们极大的鼓舞和信心。我们决定将实验扩大到 60 个岗位形态，每个岗位形态确保有 5 个岗位，对每个岗位的候岗者（先期不分是否胜任，且样本为随机应聘的求职者）进行观察，并与 12 项个性胜任素质特征进行比对。在4年多的时间里，（随机）样本人数达到了1080人，每个岗位都对3个以上的不同任职者进行了观察，结果令人振奋。符合12项甄选标准的人的岗位胜任率88%以上，不符合12项甄选标准的人的岗位胜任率仅有31%。

存在问题：

第一，参与甄选的人员都是人力资源专业人员，特别是他们都擅长对人的素质特征进行识别，这对于企业中的人力资源管理人员是不公平的。且企业具备如此高专业技能的人很少，如果随机抽取企业相关人员对候岗者进行甄别，所选择之人不一定能取得此次试验的成果。

第二，虽然没有为10个岗位形态建立岗位胜任素质模型，节省了甄选候岗人员的前期工作量，但是对每一个岗位的每一个候岗者都要用12项素质标准进行甄别，工作量也是相当大的，与先期建立岗位胜任素质模型后再进行候岗者的岗位胜任素质甄别，并无特别明显的优势。

第三，12项素质标准概念定义、内涵表述不准确、模糊，非专业人员难以理解。素质标准没有标准，如学习力，什么样的人才算有学习力，或者是学习力适合岗位需求，没有清晰的界定标准。

三、5+X人才招聘、甄选模型

根据前期实验存在的问题和不足，我们将12项素质要素进行了优化。

第一项改进措施，解决胜任素质要素项目多的问题。

我们将12项通用个性胜任素质特征进行了再分析、研究，最后整理、优化成6项。具体做法：

将责任意识、规则意识、勤奋及奉献精神整合成一项，称为职业品格；

以意志力为代表的韧性个性特征，改称为意志力；

换位思维意识与爱心，整合成认同力；

沟通力保持不变；

学习力保持不变；

专业技能与经验统称为专业技能；

将智力水平的认定移推至简历筛选环节，渗透到面试的整个过程。

于是，我们得出了一个5（职业品格、认同力、学习力、沟通力、意志力）+X（专业技能）的人才招聘、甄选模型，如图7－1所示。

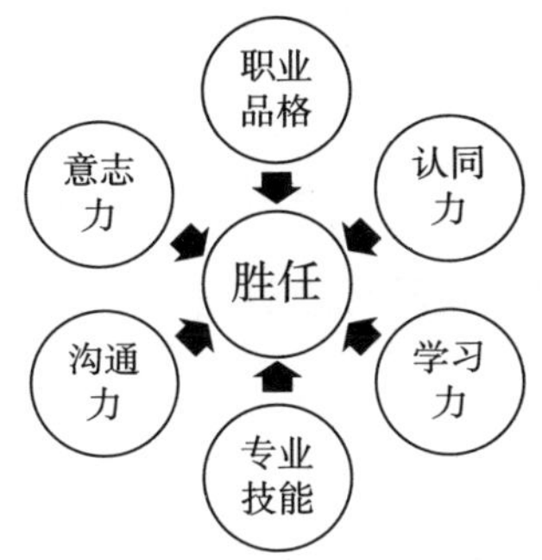

图7－1　5+X人才甄选模型

第二项改进措施，解决岗位素质需求强度与个体素质特征强度匹配问题。

首先，分析胜任岗位工作对6项个性素质特征的强度要求。因为每一个岗位对6项个性素质特征强度的要求都是不同的。如沟通力，独立工作特性强的岗位对其要求并不强烈，像服装公司中的缝纫机操作岗位、熨烫整理岗位、裁剪岗位等。但像商场的服务员、销售人员、办公室文员等，相互间或与第三方打交道比较多的岗位，则对其要求较高。于是，在进行素质特征的通用性验证前，将每一个岗位对共性素质特征的强度需求进行了标记，便于对素质适岗性的研究。

其次，在甄别候岗者时，将其6项个性素质特征的强度做出标记，为与岗位胜任素质特征的强度需求比对做好准备。

最后，将岗位的素质强度要求与个体的素质特征强度进行比较，选取吻合度高者上岗工作。

第三项改进措施，框定人才甄选素质要素模型的使用条件。

使用此面试甄选模型必须与分析、筛选求职者简历相结合，因为岗位胜任需求素质要素中的许多特征体现在简历中。如智力水平可以从简历中的受教育经历中分析；意志力可以从跳槽的频度及职业的转换情况及职业倾向性上分析得出；专业技能、学习力等也可以从简历中得到部分求证。

使用此面试甄选模型必须对拟招聘岗位的胜任素质要素的强度进行标定。即首先标定该岗位需要的职业品格、认同力、学习力、沟通力、意志力强度。通常我们对每项素质要素的强度由低到高划分为“1、2、3、4、5”五个度量级，5 度为最高。如中层管理岗、办公室主任、秘书等岗位，对沟通力的强度要求一般应达到 3 度以上。

使用此面试甄选模型的人员必须具备较丰富的面试经验和面试专业知识、技能。

在进行上述改进的基础上，将 5 + X 人才甄选模型的研究、试验岗位扩大到商业、运输、制造、研发等 16 个行业，近 300 个岗位形态，用时 3 年。先后为参与上述试验的 300 个岗位招聘了 676 人，进行岗位与素质的匹配验证，较为理想地验证了这些素质特征，对不同岗位胜任力的影响，岗位胜任率 90% 以上。

1. 试用

模型初步构建后，我们选择了不同企业的近两百名专业人力资源管理人员、150 名管理人员，在对其进行了 5 + X 人才甄选模型使用方法培训的基础上，进行为期四年多的招聘面试试验，取得了良好的效果。

2. 模型所体现出的主优势

无需在招聘前对企业和每个岗位构建岗位胜任素质模型，仅需对岗位说明书中专业技能的要求做出准确的定位；对岗位的职业品格、认同力、学习力、沟通力、意志力五个通用素质要素进行需求强度标定，这种标定操作难度不大，凭经验或实践数据的积累即可，节省了大量的时间。

相对于构建岗位胜任素质模型，采用此面试甄选模型实施企业的招聘或人才的任用甄选，具有节省人力、物力、财力的优势，综合招聘成本较前者降低一倍以上。

操作简单，学习掌握比较容易，对相关人员的专业素质要求也不太高，适合绝大多数企业中的绝大多数岗位的招聘面试。

存在的问题：一方面，表现为不适用于岗位胜任素质要素精准定位的岗位；另一方面，缺乏对某一特别素质要素的深度挖掘优势，或潜能甄别。

5 + X 面试甄选模型仅仅是简化面试程序、降低招聘成本的一种尝试，其完善过程还需要做大量的工作。另外，大数据时代的来临，也冲击着企业招聘面试工作原有的方式和方法；数据分析方法的采用、大量信息的获取、分析技术的应用，必将为企业对人才的甄别提供更精准、更快捷的途径。

在后面的章节里，我们将对 5 + X 人才甄选模型进行精细解读。

把面试做到极致

第八章　5+X人才甄选模型详解

上一章，我们对 5 + X 人才甄选模型建立的目的、试验、初步建模情况做了说明，是针对企业招聘工作的简便化、低成本、通用性、易操作的实际要求而设计，取得了一定的成果，但在试用、使用的过程中也暴露出一些不足和问题，集中在对概念的理解、每个素质要素的内涵、量用标准上。为了解决这些问题，使模型得到更好地应用，在本章我们进行详细的解读。

一、5 + X 的实质内涵

职业品格、认同力、学习力、沟通力、意志力五项岗位胜任素质要素并不是简单的五个内容，有的较为单纯，但有的却是一种素质特征集合。

职业品格：也可以认为是职业道德，但我们不能只从道德层面对职业品格进行认识和定位。因为只要提及道德，大多数人会认为是具有社会共同属性的道德。虽然此概念范畴的道德也有爱岗敬业、珍惜团队、感恩、仁爱等个体素质特征要素，但这些要素都是很模糊的概念，站在不同的角度会有不同的定义，难以操作和量化。因此，在理解和使用职业道德这一素质要素标准时，应准确定位职业道德的概念内涵。

大量的岗位胜任素质要素信息显示，职业道德核心实质聚焦到两个点上：一是责任意识；二是规则意识，即岗位胜任的职业道德基础要素是以责任和规则来体现的。工作的道德要求：一方面，应按岗位的要求完成好工作，这是人应有的意识，恰恰责任的要求回答了我们应该在岗位上做什么，做到什么标准的问题，与劳动契约的基本要求相吻合；另一方面，完成工作应在制度、流程等规则的框架内实施，否则，无法形成团队合力，企业也将是一盘散沙。通过多次的观察与实践证实，对岗位胜任影响力最大的道德或品德方面的因素只有责任意识和规则意识，其他与道德关联的素质特征要素影响甚微。

因此，我们将职业品格这一甄别要素定位于两项，即责任意识与规则意识。

学习力：对此的准确理解应包括三个部分：一是学习的意愿，即对学习的自动自发力；二是学习的持续力，也可以称作意志力，它不是“三天打渔，两天晒网”，而是持久性的行动；三是学习的效能，是指对学习内容的理解力及内容向行为或思维的转化率，也可以称其为学以致用的成果、结果。学习力是工作效率提升的基础能力，是挖掘潜能的得力工具，是走向成功的便捷通道之一。如果再加上行动，则形成了学习与行动两个人生价值增长、腾飞的翅膀。

学习力是人胜任组织岗位工作的基础，也是岗位工作价值提升的关键，学习意愿弱的人，其所在的岗位不会有太大的价值提升空间，可以称为岗位上的“僵尸人”，其必将岗位做成“僵尸岗位”。

认同力：它不是通常人们在招聘中所说的对企业文化或者核心价值理念的认同，因为招聘时甄别求职是否认同企业的核心价值观等企业文化理念是一个伪命题。别说是仅仅了解一点企业宣传资料的求职者，即使是在企业工作一段时间的员工，也不能保证其对企业核心价值理念的理解，更不要说认同了。

模型中的认同力是指人的换位思维意识，站在不同角度看问题的态度，对他人或组织行为的理解力与接纳力。高认同力的人可以大大节省企业的管理成本。注意，认同力是接纳力、宽容心态，绝不是阿谀奉承、溜须拍马，

“见人说人话，见鬼说鬼话”的和稀泥之人。认同力是管理领导岗位、营销、文秘、人力资源等岗位的基础能力，是优秀团队建设的基本素质要素。

沟通力：理解起来相对简单，它与我们平时所说的沟通力内涵并无差别。概括讲有三层内涵：第一层，表达力，能将信息清晰地传递给对方；第二层，倾听力，善于聆听，能将对方传递来的信息理解清楚；第三层，沟通意愿，即是否具备主动沟通的意识。沟通力是所有岗位必需的胜任素质要素。

意志力：意志力有两层内涵：一是专注倾向行为，对自己确认、认定、认可或应该完成的工作，能持续坚持，并向更好、更深的方向发展；二是韧性，对事的思维与行为，能够克服困难，不怕苦累，有较长时间的持续性努力。意志力是事业成功的基础能力，是解决棘手问题的必备能力，是追求更好结果的必要素质要素。

专业技能：是指完成岗位工作必须具备的知识、经验、技术的能力组合，无需做过多解读。

对 5 + X 要素的解读，要理解其本意，而不能任由想象，过度解读，以免增加甄别的难度。

二、5 + X 人才甄选模型的岗位对标内涵（上）

采用 5 + X 人才甄选模型进行招聘面试甄选，其前提假设不仅是对每个岗位的求职者，进行这六项素质要素的甄别，而且要根据岗位的素质胜任特性要求进行有针对性的与人的素质特征要素进行逐个比对匹配。这就要求我们必须对 5 + X 中的每个素质要素进行强度分级，以便在岗位要求与求职者的固有素质特征间进行吻合性比对。

具体操作方法首先是将六个要素进行强度分级定位，通常是由低到高分成 1 级、2 级、3 级、4 级、5 级。

1. 职业品格

1 级：责任意识与规则意识均属于被动性行为与思维，需要在外部强制力影响或约束下才能达成，也可以认定其没有主观认知上的责任与规则概念。

2 级：责任意识与规则意识，需要有直接监督或间接监督的条件才能实现。常常表现为完成工作任务态度消极，得过且过、敷衍了事；对待制度、流程等工作规则抱怨较大，充满怨气，在失去监督的情况下会主动钻规则的空子。

3 级：具备一定的责任意识与规则意识素养，能认清依标准要求完成工作是自己应尽的义务，能认识到遵守规则是自我管理的基本要求。偶尔有懈怠工作或违反规则的现象，当被指出后内心有愧疚感，并能及时改正。

4 级：自身具备较强的责任意识与规则意识，对待工作认真负责，严格按要求进行，具备一定的自我约束意识；没有特殊情况不会违反纪律，能自觉遵守制度。

5 级：有坚定的责任与规则意识，对待工作积极主动，不但要按标准要求完成，而且会力求做到更好、更出色；能深刻理解并遵守规则，同时，有监督他人的习性。当自己没有做好工作或偶然违反规则时，会感到深深的内疚与自责。此类人属于“安排了即不用管的类型”，是企业中难得之才。

2. 认同力

1 级：极端的我想什么即是什么类型之人，没有任何换位思维习惯与意识，有很强的自负心理，对与错全凭自我价值理念体系的评价，我行我素，即使是在事实面前，也会给自己找理由，属于极难说服或改变观念之人。

2 级：自我意识强烈，不愿意改变自我认知，总谋求用自我理念来指导他人。但在事实或众人都认可的情况下，或者有较大外部压力下会勉强认同。

3 级：能够倾听他人意见或观点，虽然倾向于坚持自我理念，但在事实面前会做出改变，或承认自我理念的不足，但他们改变自我的前提是，要求别人的观点能实实在在地使其臣服。他们有时会进行换位思考，站在不同的角度思考问题。他们愿意接纳，但是有前提条件，即必须是自己完全被说服。

4 级：一般情况下，会注意倾听他人意见、建议，能站在对方的角度思考问题，有一定的换位思维意识和习惯。但有时会积极在内心寻找支持自己观点、理念和证据，以期在能抓住机会时证明自己的观点和理念的正确。他们宽容别人的缺点和问题，能理解他人。

5 级：无论自己有什么样的态度和观点，对待他人或不同的观点、问题首先是接纳。他们的信念是“存在即有理由”。对待每一个问题都能做到换位思考，换位思考已经成为其习惯性行为。他们善于站在不同的角度思考问题，对每一个问题不管是好还是坏，都能找到积极因素，并将其转换成工作或生活的动能。他们接纳新理念、新事物的速度极快。

3. 学习力

1 级：学习的意愿、持续力、效能三个要素，在其身上无一突出体现。属于走出学校即离开学习之人，甚至根本就没有完成好学校的学习（如九年义务教育)，其知识、经验、技能的取得均为被迫无奈之举。一年里绝对不会主动去读一本书。

2 级：学习是兴起而为，有意愿了就学习一阵子，没意愿了即抛之脑后，一般不会主动学习，其工作技能的掌握与提升是比较下的被迫主动，或迫于面子的行为。年读书量为一两本，没有学习与进步的自我规划，更没有学习的主动性。

3 级：其最常使用的学习方法是碎片化学习，即听他人讲的、报纸上读的、跟着别人练的，大部分知识的获取是通过浏览手机、看电视、翻杂志或培训等方式，有时也会读书。学习在兴趣高涨时，会制订计划，但不能持续坚持，其进步大多是通过引导、鼓动的情况获得。年读书量一般在五本以下。

4 级：有较为清晰的学习目的，职业倾向明显，学习一般是围绕职业需求进行，持续力较强，有良好的效能，学习意愿强烈。善于结合工作，安排自己的学习计划。其学习大多是主动而为，知识的摄取具备一定的系统性。

5 级：学习意愿强烈，持续力强，效能良好，对自己的职业生涯有长远的规划，能抓紧任何可利用的时间、机会进行学习，并注意学以致用。善于总结学习经验，善于利用各种渠道学习，对工作、生活中的任何事情都能以学习的态度对待。积极运用学习到的知识，并在实践中使其升华。

三、5 + X 人才甄选模型的岗位对标内涵（下）

1. 沟通力

1 级：封闭、独处，不愿意与人交流；表达能力较差，从不主动与他人交流，即使是交流，别人也很难理解其信息传递的内容；解读他人信息的能力较弱，往往需要强调多次才能基本理解。

2 级：能与人进行一般性的交流，理解力差，向其传递信息有一定的难度；能表达较为简单的观点和价值理念，透彻理解他人观点有一定的困难，需要做一定重复深入的解释。在与熟悉人交流时，有主动表达的意愿，其他情况下基本是被动交流。

3 级：通常性的交流没有障碍，能较为准确地传递自己需要传递的信息，具备一定的表达能力；对他人传递信息的理解较准确，对常识性的理念、观点无需做特别的解释。对信息的深层次理解或解读需要一定的时间支持。具备一定的主动交流意识和积极交流的意愿及行为。

4 级：对交流传递到的信息有较好的理解能力，信息传递者无需进行特别的解释与说明，有一定的信息组织能力。交流中反应较快，对信息处理及时，有较强的逻辑分析能力、深层解读能力、表达能力。不但能理解信息表层传达的意思，还能根据信息发送者的肢体语言、语调理解其字面之外的表达意图。对自我需要表达的信息组织力强，能够较为准确地进行传递，有较强的主动沟通意愿。

5 级：具备良好的理解力，对接收到的信息能迅速进行分析、整理，并做出适度的反应，及时而恰当地向传递者表达其理解的准确性及程度。同时，能根据信息发送者的肢体动作、语调、表情及以前的信息进行综合分析，准确理解其真实意图。自我信息表达的组织逻辑性强，排列顺序易于理解，能够将不便于语言传递的信息通过肢体语言表达，且不会被对方误解、误读，有强且适度的沟通意愿和行为。

2. 意志力

1 级：仅有极低的意志力，无持续性专注力，无论是学习还是工作没有韧性，做事不专一，又无常性，属于“当一天和尚，撞一天钟”类型的人。其工作完全是被动性行为。

2 级：对自己感兴趣的事物有一定的专注力与韧性，有时对工作会表现出很努力的样子，但坚持不了多久。

3 级：其意志力通常来源于兴趣、工作压力、他人鞭策或碍于面子。对于同时满足这三个条件的事务，有较好的专注力与韧性。但也不能持续三五年以上的时间，遇到较大困难时会放弃努力，并将错误归因于外，其意志力的持续需要不断地施加外部影响。

4 级：意志力较为坚定，职业倾向明显或基本确定了自己的人生发展之路，对属于自己职业生涯的事物会给予强力专注，做事的韧性强，在困难面前不易低头，有一定的克服困难完成任务的勇气和信心。会根据现实调整和使用资源，并时常反省自己，全力倾注于自己的选择，不怕苦累。

5 级：意志坚定，专注力强，具备良好的韧性。对自己的人生有清晰的规划，善于将自己的目标与组织的目标进行结合，并矢志不渝地奋斗前行；对于工作职能要求的事情肯钻研、不怕累、无怨言，将克服困难、完成任务，或更出色地完成任务视为一种幸福和快乐。经常反思自己的意志与行为，不断自我修正偏差。有一句名言与此类人最相符：不达目的绝不罢休。

3. 专业技能

1 级：对岗位需求的专业技能知识有初步的了解，能进行最简单的操作，属于入门级的知识拥有和技能操作级别，需要在他人的帮助下，或消耗较长的时间才能完成岗位工作任务，没有能力独立完成岗位工作任务。

2 级：掌握完成岗位任务的基础知识、基本技能，有一定的经验积累和处理专业问题的基本思维方法，具备肢体动作、操作的简易技巧。能较缓慢或低质量地独立完成岗位工作任务。处于最低端或初级的技能拥有阶段。

3 级：对完成岗位工作的专业技能、知识、动作有了较为全面的了解，能独立完成专业技能操作，知识与技能进入了熟练掌控与操作阶段。

4 级：专业知识掌握较为系统，操作的肢体动作熟练，不但能独立完成专业操作作业，而且能对知识、操作、经验进行有机结合，形成较以往的操作更为高效的工作方法，具备一定的创新、改善意识和能力。

5 级：拥有精深而系统的专业知识，形成了习惯性的操作作业动作技巧；有丰富的实践经验；对专业知识、肢体行为、思维已经固化于己身，并且能够进行有机的组合应用；能够用语言表达清楚专业知识、行为、思维，且行为示范到位；有专业的创新、改善能力。

上述胜任素质要素强度的分级没有标准的定义和要求，不一定准确。大家在工作实践中，应结合自身实际情况、本单位的情况进行再分级设计，以尽力实现准确性和适用性。分级的准确性决定了甄选出的人才对岗位的胜任性，因此不可忽视，要认真细致地做好此项工作，必要时可以邀请各类专家组成小组，进行科学分级，以增强其准确性。

四、5+X 人才甄选模型的强度分级举例

在进行了通用岗位胜任素质要素的强度分级的基础上，就要进行岗位素质需求分析了。此项工作并不复杂，我们以服装销售岗位为例，对岗位胜任素质要素的强度进行定位。

1. 职业品格要素

由于服装销售工作具有较强的独立工作性、自我管理性。所以，其职业人格素质要素的强度最好能达到 3 级以上；有自觉履行职责、遵守规则的意识。

2. 认同力要素

此工作岗位是与顾客打交道为主，它需要理解顾客的感受，并时刻关

注顾客的反应，有针对性地按顾客的需求倾向介绍商品，与顾客进行交流。能实现此目标，认同力要素的强度至少应达到 4 级以上。

3. 学习力要素

一个优秀的服装销售人员不仅要具备服装的专业知识，还应懂得心理学、审美学等非专业知识，这就需要有较强的学习力，所以学习要素强度应达到 3 级以上。

4. 沟通力要素

销售工作对沟通力的素质要素要求应达到 4 级以上。

5. 意志力要素

如果希望销售人员能以此作为人生成就的目标，就需要较强的素质强度。一般情况下，达到 3 ~4 级的强度就可以了。

6. 专业技能要素

专业技能要素强度当然是越高越好，但考虑到人力成本问题，适度为好。如果不打算进行复杂的培训，应选择的素质要素强度在 3 级以上；如果准备进行系统的培训后再上岗，可以考虑低一点的素质要求强度。

对拟招聘岗位进行通用胜任素质要求强度的预先级别定位，是准确对求职者进行胜任素质要求匹配的基础，应精心、准确进行强度定位。

岗位胜任素质要求的强度级别定位，还要求面试官对求职者的通用素质要素表现进行强度分级，而后，再与岗位胜任素质要素强度要求进行匹配。

另外，影响岗位胜任的条件不仅仅取决于岗位通用素质要素的强度与求职者个性特征要素强度的对应程度，还受企业成本投入因素、战略性人力资源配置政策的影响。因为企业如果人力资源战略是吸纳优秀人才，而不顾虑人力成本投入，就会选拔那些高于通常岗位胜任素质强度要求标准的人员进入岗位。

把面试做到极致

第九章　5 + X 共性素质特征之职业品格

在5+X人才甄选模型中，我们将职业品格、认同力、学习力、沟通力、意志力列为人才招聘甄选、组织晋升选拔中的五个主要、共用性甄选素质特征要素标准，在本章及后面的章节，我们将对这五个特征要素展开讨论。

职业品格即职业道德，是招聘甄别的重要内容，经过多年的实践，针对“职业道德”这一素质要素的甄别，我感觉可以与大家分享下面几点。

职业道德是职业纪律、职业责任的总称，属于自律范围。职业道德的范畴远远小于社会道德，如果在招聘中使用社会道德的概念或标准，工作量和难度都会非常巨大，前面已经讨论了。考查求职者的道德要素，必须清晰界定我们以哪个概念的标准进行衡量。

判定求职者的职业品格可以从规则意识和责任意识两个方面入手，它包含职业生活中“德”的关键要素。当这两个素质特征符合要求时，可以忽略其他的道德要素，不至于出现大的判定偏差。

一、规则意识的甄别

相对于甄别业务技能，职业道德的规则意识素质特征甄别难度较大，它需要确定特定的考查要素，结合地域、民族、社会、行业等情况进行分析，需要考查者对每个要素的心理特征了如指掌，需要考查者将心理特征推转成现实行为表现，从而设置有针对性的考查题目、场景，或观察求职者的表现，以准确判断其是否具备岗位要求的职业道德素质特征条件。

我们结合分享一个考查求职者规则意识的案例，对甄别此素质特征进行讨论。在讨论之前我们先分析一下，规则意识的形成及概念特征。

规则意识是人重要的心理特征要素，它由先天遗传因素和后天环境因素两部分影响而形成（注意，遗传性因素对一个人的规则意识影响较小，甄别时可以不将其作为重点，但也不能不考虑这一因素）。我们可以将其归纳为两个构成要件：

（1）先天性因素。典型的心理特征表现是情绪稳定性、心理承受能力、接纳性等，行为表现为冲动的强度、发怒的刺激强度、思维理解力、条理性等。

（2）后天因素，也称为教育环境因素。它是指所处的社会、家庭、工作等环境的影响因素，如在家庭教育严格、工作环境规范性强的情景下生活工作的人，会有相对强的规则意识。

由此，我们在考查求职者的规则意识时，就可以有针对性地查看其简历，询问其家庭、工作情况，观察其现实行为表现了。

曾经有一次面试，我首先关注了求职者的三个细微行为表现：

第一，求职者进入面试房间时，敲门力度（声音）适度，进门后回手将门关好，力度让人感觉较好。

第二，在整个面试的过程中，求职者遇到面试官插话时都能及时停止自己的叙说。

第三，在向面试官递交简历时，将简历整理一下（他的简历有三页），而后才双手递上。由求职者的这三个微小动作，我初步估计其规则意识较好。但还不能下结论，于是我又针对规则要素的特征提出了两个问题：一是“请回顾一下，在你两年的（简历显示他大学毕业后仅工作了两年）职业生活中记忆最深的委屈”。二是“你所在的公司对上班迟到三次的人如何处罚?”

对第一个问题他回答:“最大的一次委屈是我有一次值班,公司总经理让我通知一个部门经理第二天早上八点与他一起出差,我按要求通知了,可那个部门经理还是误了时间(公司是九点上班),当总经理批评他时,他说没有接到通知。”

对第二个问题他回答:“迟到三次的处罚,大概是取消一半年假,具体不太清楚。”

当求职者回答完这两个问题后,我基本判定这是一个规则意识较强的人。为什么会得出这个结论呢?

理由:根据他面试时的三个小动作,可初步估测其具备较好的规则意识。第一个问题,大多数人会回答违纪问题或与他人的关系问题,而他的回答与此毫不相关,这个问题不重要,仅仅佐证了他对规则的关注度,并不太准确或重要,也可以算是过度性问题;第二个问题的回答说明,其在两年的工作中不太清楚对迟到的处罚,说明其没有迟到过,反映了其遵纪意识还是很强的。面试时求职者的小动作及对两个问题的回答,三次考查了求职者的规则意识,其心理的指向性是较为一致的,由此得出了前面的判断。

对于规则意识的甄别,主要考虑:

受教育情况及工作经历。因为规则意识核心的影响要素是后天环境条件。如对于受过军队院校教育或有从军经历的求职者,相对来讲规则意识一般会好于地方院校毕业的求职者;在大型企业或外资企业工作过的人,相对来讲规则意识一般会好于小企业工作过的人(当然也有很正规的小企业,此例外);受教育时间长的求职者会好于时间短的求职者。当然,这都是指通常情况下。

家庭情况。在考查求职者规则意识时,这是容易被忽视的一项,但这比工作单位和学校影响求职者的规则意识的形成,要大得多。考查此点,一般是考查家风、父母的受教育及工作情况、家庭位置等社会习俗情况。

个体价值理念。这是考查求职者规则意识的核心。规则意识主要受后天因素的影响，而这种影响主要是自己价值观的形成。惯偷为什么偷窃成瘾，关键是在其理念中“遵守社会道德”被标记成不聪明的表现，所欲能取即是“英雄”。对此的考查就要设计好题目了，我们可以从前面分享的例子中得到一些体会。

求职者的亲戚、朋友情况。俗话说“近朱者赤，近墨者黑”“物以类聚，人以群分”。有什么样的朋友就会有什么样的自我。与求职者聊天，谈谈朋友、说说家人，既可放松其精神，又可考查其规则意识，何乐而不为呢。

于细微处见精神，注意行为细节。规则意识强的人与散漫之人，在行为的细节上有着非常明显的区别，面试官应善于观察并记于心，再有意识地进行求证。

对于规则意识的考查还有很多方法、观察点，期待我们在工作中去丰富和发展。

二、责任意识的内涵

责任意识是人们对事、对人的内在态度和行为的综合表现，是人的重要职业素养和心理特征，简称责任心。责任心的强弱直接关系着其工作效率的高低及心理投入程度，所以每个企业在招聘时都将其列为重要的考评指标，希望能招聘到责任心强的员工。

责任心是较难甄别的素质特征，如果不对其进行深入的研究，即使是资深 HR 也很难把握。

1. 责任心的实质及心理内涵

知其然未必知其所以然，责任心貌似人人都知道是什么，但其实大多数人并不能很清晰、准确、全面地理解这一概念的内涵及实质，这也正是人们知道却难以甄别的症结所在。

有人认为：责任心是指个人对自己和他人、对家庭和集体、对国家和社会所负责任的认识、情感和信念，以及与之相应的遵守规范、承担责任和履行义务的自觉态度。还有人认为：责任心是对自己行为后果负责的一种踏踏实实的敬业精神。也有人认为：责任心就是忠于公司、忠于岗位、忠于职责，团队利益大于个人利益、公司利益高于一切，不畏艰险，使命必达。

关于责任心的表述林林总总，随意百度一下就会有很多的定义和观点，我无法评论孰是孰非，只能浅显地谈谈我的理解。

2. 什么是责任

对于责任可以从两个方面理解：

一方面，对责任的硬性诠释是“应该……”即应该做的事、应该有的行为、应该有的观念。具体来讲是对于分派或应允的事务、工作，要按照数量要求、质量要求、时间要求、成本要求完成；对于行为，应按规定的行为规范行动，如沃尔玛规定员工遇到顾客微笑时应露出八颗牙齿；对于观念，应以组织要求的价值观、理念思考问题。这是责任的硬性要求，没有回旋的余地。

在此，责任可以简单地概括为：应该做什么，做到什么程度（标准），数量与时限。

另一方面，对责任的软性诠释是“期望……”即期望对不管是否自己职责内的事都应积极主动地去做；期望其行为方式与领导者相一致，或是领导意愿的方向；期望其思考问题的立足点与领导或组织的理念一致；期望其品德符合社会或组织的要求等。责任的软性要求没有具体的量化标准，也没有强制完成的要求，衡量其要求的仅仅是“期望……”或者是社会道德、职业道德。如父母都有养育子女的责任，至于是什么标准，则很难确定。

3. 责任心中的“心”与责任心

此处的“心”应是人们对事与对人的态度、理念、价值观、信念、思维倾向等，与意识具有相通性。

仅对责任心的理解、分析至此，还不能对其进行简单的综合或概括，从而形成一个责任心的概念解释。因为其中存在着一个巨大的误区，那就是很多人把“应该……”那一部分归结成了责任心的组成部分，甚至认为它就是责任心的主体。其实，“应该……”那部分根本不是责任心的内涵，它仅仅是组织（公司）给该岗位规定的必须完成的标准工作。员工应聘进入公司被分配于某一职位，即与公司达成一种契约关系，完成该职位规定的工作才能取得约定的劳动报酬，这只是“交易”行为。真正的责任心是指“期待……”那一部分，因为它有很大的理解和行动空间，可以做到极致，使工作锦上添花；也可以敷衍应付，因为只要完成规定的工作那部分，就得到了约定的报酬。所以，排除这一本不该是责任心所框定的东西，再理解责任心就会更准确。

第一，责任心是对待工作的态度。

只有完成了规定的工作任务才能得到相应的报酬，这仅仅是责任，而不是责任心。责任心是一种工作的态度，如有些人将工作当成一种乐趣，总能从工作中寻找到体现自我价值的体验；也有些人将工作视为一种苦难，不乐意工作、躲避工作，只求过得去，不求过得硬；还有些人仅将工作当成维持生存、养家糊口的手段……所以，我们需要认定的责任心不是你完没完成工作，而是在何种态度的影响下完成工作。

第二，责任心是无法量化工作的推进剂。

在组织中有众多工作只有职能，没有标准，无法量化。如领导岗位的职能要求之一是“正确决策”，什么是正确决策没有一个科学的标准。作为领导者可以经过简要论证即做出决定，也可以展开复杂的调查、研究、比较、分析再做出决定。责任心强者可能会用后者的方式；责任心差者可能采取前者的方式；责任心一般的人可能用两者折中的方式。此类工作岗位或职能，组织希望能找到责任心强的人就任，以提高决策的准确性、科学性和效果。

第三，责任心是超额度工作的衡量尺度。

人们常说“工作有好有坏”，如可以规范、定量的工作，它仅有完成与未完成之分，没有好坏之分。但“工作有好有坏”则是指“规范标准”之外的那部分了。如车工加工一个金属零件，它有一个最低的精度标准；还有一个标准，即在最低精度标准的基础上，精度越高越好，那么，其加工精度超过标准精度的多少，即成了我们认定其工作责任心强与弱的尺度。

第四，责任心是工作气氛的活跃剂。

经营性组织不会以工作气氛的活跃程度作为计酬标准，因为它是标准工作额外的要素，但工作气氛的活跃度可以提升规范性工作的效率。所以，管理者期望提高工作气氛的活跃度。而要取得这些额外的要素，就应鼓励成员奉献时间、精力或智力。这些取决于组织成员的责任心。

第五，责任心是组织发展的牵引力。

完成好标准工作是组织实现当前目标的要求，但组织的发展还需要谋划未来。谋划未来又是一个不能规范的工作，它的“好坏”、适用性，只能由责任心来左右或衡量了。

第六，责任心是组织凝聚力的添加剂。

责任心的奉献属性增加了组织成员对组织的心理依存度，强化了情感契约的牢固度，从而进一步提升了工作效能和对于标准工作完成的回报，员工越来越感觉，超出标准工作的付出，定能得到超出预期的报酬，增强了职业安全感。

第七，责任心具有可塑性。

责任心的态度属性决定了其可塑性，人的早期家庭、学校教育、从业的规范化程度，对责任心的形成有重大的影响。

责任心的上述七个内涵，并不能说清或完整阐述清责任心的概念及实质，但也从主要方面概括描绘出了责任心概念的基本轮廓，它是招聘、甄别人才责任意识的基础。

三、衡量责任心的标志属性

从责任心的概念表述，经过归纳、分析，我们可以整理出与责任心有密切关联的个体素质特征基本属性。

1. 奉献属性

完成标准工作只是兑现了承诺，履行了应尽的义务或契约，不能视为责任心强。如果想得到责任心强的评价，只能是在尽职的情况下超出标准地做好工作。

2. 进取属性

责任心是进取心强的表现，它不仅仅是满足于完成上级交付的工作任务，而是谋求精于他人、高于标准，将追求更好作为目标，在超越中寻找幸福和快乐。

3. 挑战属性

有责任心的人不会一遇到困难就打退堂鼓，而是会想尽一切办法去解决问题。他们相信一切皆有可能，没有做到或做好，其根本原因不是外在因素，对于失败他们会归因于内。

4. 事业属性

责任心强的人认为，自己不是为了工作而工作，选择了工作就是选择了事业，工作是自己在事业奋斗过程中的副产品，工作不是为单位，也不是为别人，是实现自己事业成功的必经过程。

5. 真诚属性

责任心强的人认为，工作不完全是履行承诺，更是一种态度，它不需要虚伪，应实事求是，对得起自己的信念，真诚方能坦荡，坦荡才能心安。

6. 尊重属性

责任心强的人认为，别人之所以尊重你，是因为你让别人感觉到你做出了超乎要求的努力，付出超出了公平交易的边界，给予了相关方惠顾。

7. 感恩属性

责任心强的人认为，自己如同一名舞者，能有工作是因为有人提供了舞台，有人陪自己起舞，有人为自己起舞而奉献……因此，作为舞者，自己不但有义务维护好舞台，还应感谢和珍惜提供舞台的人，感谢陪伴自己起舞的人，感谢为自己起舞奉献的人，感谢……

8. 完美属性

责任心强的人认为，按标准工作不是工作，而应尽自己的努力周密计划、科学安排，使工作的赋予者不再为已经分派的工作而额外费心。

9. 归属属性

责任心强的人会把企业利益当作个人利益，绝对不会容忍伤害企业利益的行为和事件出现。一旦发现，必定勇于揭发绝不姑息，对于自己的过失而造成的后果也绝不推诿，勇于承担责任，他们会因为自己的所作所为影响到企业的利益而感到不安。

10. 合作属性

责任心强的人认为，只有团结协作才能使工作产生高效率，因为其具备奉献态度，所以不会以自我利益为中心。

11. 公正属性

责任心强的人不但认为应有公正，还具备以自己的努力去创造、维护公正的意识和理念。

四、如何甄别责任心

奉献、进取、挑战、事业、真诚、尊重、感恩、完美、归属、合作、公正十一个责任心标志性属性，为我们甄别责任心的强弱描绘出参照物。甄别时，可以依此设置场景或题目，通过对求职者的观察或对回答的分析，综合这十一个属性的总体得分，得出责任心强弱的相应判断。

1. 例证之一：考查求职者的奉献属性

考查求职者奉献属性的方法很多，下面是我和一位求职者（男性）的面试问话实录：

问："在家中，你与你爱人谁做家务更多一些？"

答："我做得多一些。"

问："这似乎不合常理呀，你是男士，应该是女士做得多些才正常呀？"

答："我不这样认为，她有工作，还要带孩子，如果让她多做不公平。"（此时，可以初步评估他的奉献属性了，但为了确切一些，还是进行了下面的问话。）

问："你一般做哪类家务多一些？"

答："做饭，还有擦地、大扫除之类的。"（他用词很专业）

问："听说最近猪肉又涨价了？"

答："是的，前天是 8 元，昨天就 8.5 元了。"

（通常做饭和买菜是有关联的，他没有说谎。）

……

从这段问答中，你感觉到求职者的奉献意识了吗？有人也许会说："做家务是义务，怎么能说是奉献意识呢？"本人不敢苟同，如果夫妻双方都有工作，一方排除自己，仅期望另一方做好家务，那不仅是不公平，还是奉献意识弱的表现。

此例不单单是考查了奉献意识，其实，求职者的责任意识也已经展现了一部分。

我不主张在面试中使用过于"正统"的题目，而是常将一些需要考查的要素融于生活的话题中，这样更容易观察求职者的素质特征。对此，求职者也容易接受，不会刻意造假或回避。

2. 例证之二：考查求职者的进取属性

问题："你如何理解丰田公司提出的'把拧干的毛巾再拧出一滴水'的成本控制理念？"这一问题考查点有三个：是否认为这是一个正常的理念；有没有可能；能否启发更多的成本控制想法。

如果求职者对这三个考查点的回答都是肯定的，或者说是正面积极的，说明其有很强的挑战意识。当然，考查挑战属性（意识）有很多的题目和方法，此题算是抛砖引玉。

我们没有必要，更不用模式化地穷尽奉献、进取、挑战、事业、真诚、尊重、感恩、完美、归属、合作、公正十一个责任心标志性属性的考查方法，只要用心就会找到更适合自己的考查方法。另外，事业属性、完美属性等在求职者的简历中也能得到答案，这里就不啰嗦了。

面试中求证求职者的责任意识素质特征，也会使用行为事件面试法。当然，考查求职者责任心素质属性的方法很多，没有固定的模式，只要能证实效果较佳即可使用。

3. 责任心素质考查应用中注意的问题

在招聘中，为每一个岗位寻找到责任心强的求职者是所有组织期望的要求，但是，对每一个岗位的上岗人员都要求有较强的责任心，会大大增加招聘及人力成本，也不一定能实现工作的高效率。所以，应以岗位的具体特性，确定对责任心强弱的需求。

区别岗位对责任心强弱的需求，首先是以岗位的领导与管理职能占比衡量。如领导职能占比较管理职能大，则其对求职者的责任心要求较高。因为领导职能更多体现的是难以量化的工作，要求就任者能有很高的工作自觉性；而管理职能是以执行为主，是按上级给定或要求的标准进行工作，其任务可衡量性强，易于掌控。

其次，以岗位工作职能的自主性程度衡量。如高自动化链条上的某个环节岗位，其仅需要执行规定的操作方法或流程即可完成工作，操作方法与工作流程都较固定，无需经常性变更，即使是变更也有专业的人员进行设计、论证，岗位人员只要配合即可。此类岗位便不需要具备较强责任心的人。但有的岗位自主性或者说创意性非常强，就需要责任心较强的人员，如营销策划人员、创意岗位人员。

最后，以工作的可监控性强弱来衡量。如有些岗位的特点是监督易缺失，主要工作以过程性居多，如商场或公司的内保岗位。对此，则需要上岗人员有较强的责任心。

所以，对于工作责任心的要求，岗位不同，要求的强度也有较大区别。招聘人员应对岗位进行分析，精确定位其对责任心的要求，既不能过分求强，也不能忽视对责任心的要求，使招聘到的人员实现与岗位责任素质特征要求最恰当的匹配。

责任心虽然属于职业素质大类中的子项素质，但其对许多工作岗位的绩效却有着十分重要的影响，应引起招聘、甄选人员的重视。同时，要不断探索界定责任心强弱的方法，提高甄别的准确性，提高招聘效率。

职业品格素质范畴很大，目前条件还无法完全、准确地对其进行考证，在此仅以规则意识和责任意识作为基本素质进行代表性甄别，更好的方法有待后续的发展。另外，在进行职业品格素质特征甄别时，还可以尝试使用排除法。只需要排除其组织难以接受的恶劣习性、与岗位素质要求相左的主要品德特征即可。如招聘生产线上的人员，只需重点关注纪律性、劳动态度等要素，对于库管人员则应关注纪律性、责任心、贪欲观等要素。

第十章　5+X 共性素质特征之认同力

每个组织都有一种期望，即能招聘到认同组织核心文化的人，于是，招聘者便把企业文化熟记于心，在对求职者的整个甄选过程中仔细筛选。

但是，常常会出现这样的情况：甄选时求职者表现出了与招聘者一致的理念，但在试用时却发现此人在思维和行为上并不是真正认同企业文化，为什么会出现这种情况呢？其实，这不难理解，因为大多数应聘者在将简历投到公司前，即对公司做了一定的功课，而这些功课最能奏效的部分就是对自我信念进行趋同于公司文化的修饰。我想即使是演技再差的人，给自己粉饰如此简单的面具，也不至于费太大的劲儿。

现实中，特别是招聘中、高级人才时，类似的“失误”不在少数，造成这一问题的关键是我们的招聘人员错误地使用了度量标尺——认同组织文化。而每一个应聘者皆能知晓这一标尺，给他们创造了粉饰过关的机会。

每个企业的核心文化都不会违背大众的通用理念，如某企业的经营理念是“诚实守信，服务第一”，对此会有多少人反对吗？即使求职者不粉饰自己，对面试官提出的有关企业文化匹配性的测试问题，只需进行正常的思考和回答，就不至于偏离企业文化要求的轨道太远。如此，哪里还有多少不认同基本的企业文化理念、不符合要求的人呢?

那么，如何对认同这一素质要求进行甄别，才能寻找到我们需要的人呢?如同有矛即有盾一样，破解这一难题的关键是改变许多人错用的“尺子”，即不要用企业文化理念的尺子量求职者，而是考查求职者所具有的认同素质强度，以此评价其对所有事物的认同力。当其认同素质优良时，即使其不了解公司文化，也会在短时间内理解与认同企业的核心理念文化。反之，其不但会在认同企业文化上有难度，对其他规章制度的认同也会有难度。

一、认同力的内涵

认同是对他人信念、组织理念或另一方思维行为倾向的接纳与肯定，它是心理的许可、赞成或一致性的表现，是人对待事物的一种态度。人的态度是由一系列信念组成的人的特有的品格素养，一旦形成很难改变，具有相对的稳定性。如相信“只有付出才会有收获，只有拼搏才能走向成功”信念的人，会认同华为的“垫子文化”，所以华为经过多年的淘筛，造就了充满激情拼搏的团队。

认同素质的核心特征:

1. 辩证思维意识

辩证思维意识的理论基础是唯物辩证法，它认为物质世界是普遍联系和不断运动变化的统一整体；辩证规律是物质世界自己运动的规律；主观辩证法或辩证的思维是客观辩证法在人类思维中的反映。它包括对立统一规律、质量互变规律和否定之否定规律三个基本规律，以及现象与本质、原因与结果、必然与偶然、形式与内容等一系列基本范畴。唯物辩证法是人对世界基本的认识论和方法论。

人是否基于此理论看待世界、认识事物，是衡量认同素质强弱的关键标准。有的人遇到灾难时会一蹶不振、怨天尤人，会认为这是结果、是自己的命；而有的人会在很短的时间内振作起来，他们认为这不一定是坏事，会用“塞翁失马，焉知非福”的信念对待所遇之事。

辩证思维意识强的人，遇事时不会只向一个方向思考，而是全方位思考，其思维具有发散性特征。所以，他们更容易对不同于自己信念的东西产生认同。思维的宽度决定了认同力的强度。

2. 换位思考意识

换位思考是人心理存在的一种态度位置互换信念，也可以理解为心理体验倾向。换位思考意识是人人存在的一种意识，不同之处在于对刺激反应的强弱。换位思考意识强的人，这一信念会随时被激活，只要出现刺激就会立即反应；而换位思考意识弱的人则会延迟激活，或只有施加另外刺激的条件下才能激活。

有则小故事很好地诠释了这一原理：一对夫妇坐车去旅游，走到半途中，他们有事情请求下车。后来，他们听说乘坐的这辆车，在他们下车后不久就遇到了山体滑坡，整车人无一生还。妻子说：“咱们真幸运，有事情下了车，不然，我们也就没有今天了。”丈夫说：“不，是由于咱们的下车耽误了时间，要不就不会在那个时刻恰巧经过山体滑坡的地点了……”

换位思考意识，通俗地讲就是当遇到某一问题或事物时，能从对方的角度出发，对事物进行分析、整理、判断，即站在他人的立场上思考问题。它要求人应尽量将自己的情感体验、思维方式、表达与行为等，与对方可能的思维与行为、心理期待联系起来，去体验和思考问题，为增进理解奠定基础。但是，我们也必须承认，即使是有很强的换位思考意识，遇事时也不一定能真正或准确地站在对方的立场上思考，因为我们并不知道对方的立场是什么。可是，这总比我们总是站在自我的角度思考，更能增加贴近对方心理的可能性吧。

换位思考意识是一个易懂而难做的信念，从一定意义上讲，人如果具有较强的换位思考意识，就为强认同力打下了坚实的基础，因为它开启了认识或理解他人信念、组织理念的大门。

3. 规则意识

规则是一种尺度，是一系列的标准，人的思维和行为如果离开了规则就会产生灾难性的后果，甚至是毁灭。除非是在进行开发、创新的工作，即便如此，也不是完全不需要遵循规则。认同更多是指向思维层面，辩证思维、换位思考是指思维的角度或出发点，而规则意识则是指思维的准则与依据的信念，是思维的度量衡在人内心世界的反映。

规则意识要求人与人之间的思维必须遵守共同的准则，否则，很难衡量认知上的差距。不知道认知上的差距，就无法消除差距，认同自然也就无从谈起了。规则意识强的人与规则意识强的人，更容易实现认同。

4. 能量认知意识

能量认知意识是指人对自我、他人思维或行为能量认识的信念或态度，如有的人会认为“一切皆有可能，存在即有理由……”而有的人则认为“我的智力有限，这已经是极限，不可能完成……”能量认知意识形成属于后天因素，具有一定的可塑性。

能量认知意识强的人容易接受别人的理念、观点，因为他们认为“存在即有理由，一切皆有可能”。从这一角度思考，别人无论提出什么样的想法和观点，他们都会先接纳下来，再慢慢地分析、判断，直至找到“存在”或“可能”的理由。而能量认知意识弱的人，一遇到问题就会认为“我们的能力与智力使用到了极点，再无潜力可挖”。他们的思维特点是，只要别人提出的事情、问题，自己无法或无能力解决时，就认定别人也很难完成；他们不但会为自己的能量设限，还会给别人的能量设限。

能量认知意识弱的人是认同力低的人，对于许多问题，特别是具有挑战性的问题，想求得他们的认同，难上加难。

5. 仁爱意识

对于仁爱意识，我们可以从古代先贤的描绘中得到理解。

《韩非子·解老》有言："仁者，谓其中心欣然爱人也。其喜人之有福，而恶人之有祸也。生心之所不能已也，非求其报也。"意思是说：所谓的仁，是指从心底欣然地去爱别人；他喜欢别人也有福，而且不喜欢别人有灾祸。这是从心中生起而不能停止的情感，是不求回报的情感。

《论语·颜渊》中，仲弓问仁。子曰："出门如见大宾，使民如承大祭。己所不欲，勿施于人。在邦无怨，在家无怨。"其意：仲弓问什么是仁。孔子说："出门像接见贵宾一样恭敬谨慎，使唤百姓就像进行重大祭祀一样严肃庄重。自己不愿意承受的，不要加在别人身上。在诸侯国做官，为诸侯做事，不怨天尤人。在卿大夫家做官，为卿大夫做事，不怨天尤人。"

孔子在《论语·雍也》中说："夫仁者，己欲立而立人，己欲达而达人。能近取譬，可谓仁之方也已。"意为：至于仁人，就是要想自己站得住，也要帮助人家一同站得住；要想自己过得好，也要帮助人家一同过得好。凡事能就近以自己作比，而推己及人，可以说就是实行仁的方法了。

圣贤们的这三段经典论述，详细解释了仁爱的含义，仁爱意识即是这些论述的概括。在此，我们不难理解仁爱的精髓了。

仁爱意识虽然不是人思维方式性的要素，但这一信念对求得认同具有很重要的助力作用。仁爱意识强的人会从"人之初，性本善"的角度，看待他人的想法、观点，即使是别人做错了什么事情，他们也会给予充分的理解与关爱。仁爱意识弱的人则会从"人性本恶"的角度出发，去思考和处理问题。因此，有仁爱意识的人，也是具备强认同力的人。

认同的另一层内涵是欣赏与分享。它是与目标方在某些信念上有着高度趋同时，对其实践成功的一种转移性自我满足。如狐假虎威、邯郸学步、东施效颦等，都是此类认同的典型表现。此类认同对于促进组织文化在员工内心生根，并产生理念凝聚有重大意义。

同时，认同也可以理解为一种心理需求。这种心理需求体现在四个理念上：完成工作任务是人应有的基本素质；服从与认可是人应有的基本素养；接纳是认同的开始也是尊重的前提；存在即有理由。从心理的角度理解：实现自我认同，才是真正的认同；否则，呈现出来的认同不是有意的阿谀奉承，就是一种心理胁迫；认同不是羞辱。所以，认同力强的人很容易与企业形成情感契约。

认同素质特征虽然还有许多要素，如宽容、感恩、理解等，但其关键要素是前面讲的五个意识。

认同力就是这些意识的强度。

二、认同的体现形式

信念式认同。人们讲的认同感大多是指自我信念与他人的信念或组织的理念，有极强的类似性。信念式认同的基点是人态度层面的主张、态度、感觉和价值观。它不同于形式上对双方共同参与事件的组织、安排和形式的认同。我们可以将其视为价值观的认同。

梦想式认同。对自己的人生早有预想，且有实现的预期路径，当与其接触的组织或人与自己的预想一致时，即会产生高度的认同感。这种认同也有可能来自于父母持续期待形成的潜意识；对某个自己内心绘制偶像的崇拜，从而认可并模仿其一切的思维与行为所致。

反击式认同。即自己内心对理念是认同的，但为了显示存在或报复，而采取反向的行为。

寄托式认同。此类人会将自己的认同信念进行转化，如过度爱恋曾爱过的人的一些东西，来减轻由于思念而产生的痛苦感，癖物症是典型的表现。

安全式认同。其认同的标准是以安全为基准，一切以自己认为有无危险为出发点和落脚点。

组织认同。是人认同感的综合特征的体现，是指组织成员在行为与观念等诸多方面与其所加入的组织具有的一致性。其不但体现出自己在组织中理性的契约和责任感，也体现出非理性的归属和依赖感，以及所表现出的对组织活动尽心尽力的思维、行为倾向。它是被组织本身特有的文化及理念所吸引，而不是因与某个人的关系，而产生的个人崇拜行为。由于组织认同的根本效果是实现双赢，所以，其有助于组织及其成员共同发展。

组织认同主要体现在三个方面：一是文化价值理念认同。员工能够主动积极地了解企业文化，认同企业的核心价值理念及经营宗旨，乐意接受企业文化的熏陶，在组织行为中，自觉实践这些价值理念，主动传播、丰富企业文化。二是主动承诺。对工作以真实的感情投入，有与企业休戚与共的“企业主人翁”意识。三是主动协作。通过积极的沟通，以支持、勤奋、奉献的态度融入团队，赢得团队成员的信任，进行配合协作，形成团队战斗力。

三、认同力对于组织的作用

如果将考查求职者的认同力作为素质要求的基本标准，大家会有一种疑惑，认同力对于组织有什么作用呢？

第一，认同力给企业带来的直接好处是提高效益。对于组织经营理念、价值观或领导者的决策，认同力强的人会很快在内心消除疑虑得到趋同，进而全身心地投入到行动中，提升工作效率。因为他们常常以组织中一员的身份定义自我，从心理上有一种责任感和归属感，对从事的工作有极高的兴趣，能够实现自我管理。正如美国学者弗兰西斯说：“你能用钱买到一个人的时间，你能用钱买到劳动，但你不能用钱买到热情，你不能用钱买到主动，更不能用钱买到一个人对事业的追求。而这一切都可以通过组织认同争取到。因为在某种程度上，产品的质量，无论是产品本身还是产品的服务，都是雇员们精神、力量及努力的结果。”

第二，员工能够理智地看待并且接受公司理念及制度、规则。在此高度认同的情景下，员工情绪更高且奋发向上，易于确定自我奋斗目标，积极而努力工作，不会沉浸在悲叹、抱怨或悔恨之中。

第三，能够清醒地认知自我。对自我所处环境的适当评估，对所扮演角色的正确认知。能清晰地描述我是谁，我的本质是什么？我是怎么样的人，我的个性、特长与能力如何？我想做什么样的人，我的愿望和理想是什么？我应该做什么样的人，我的道德和价值观是什么？因为当其对组织产生高度认同时，会用组织的理念、价值观、他人的正能量作为自己的参照物。

第四，能够在短时间内产生职业认同感。职业认同感是指个体对于所从事职业的目标、社会价值及其他因素的看法，是在长期从事某种职业活动过程中，对该职业活动形成的性质、内容，职业社会价值和个人意义的认识，是人们努力做好本职工作达成组织目标的心理基础。它会影响员工的忠诚度、主动性、成就感和事业心。如销售人员的职业认同，是指销售人员对所从事的职业在内心里认为它有价值、有意义，并能够从中找到乐趣。职业认同既指一种过程，也指一种状态。过程强调的是销售人员从自己的经历中逐渐发展、确认自己的销售人员的角色。状态则反映了销售人员对自己所从事职业的认同程度。

第五，更易于产生从众心理。由于认同感强的人更在意他人的想法，当看到别人在某种场合做某件事情，而其他人没有反对或表现出赞许时，自己会断定这样做是有道理的，即认为这种行为是符合大众的行为，不属于另类独行，从而自己也会倾向于此行为。

第六，产生趋同于组织价值观的个人价值追求。认同力强的人，由于其有更强的认同特质，较其他人更易于产生自觉接受、自愿遵循的态度甚至服从。他们会根据组织的愿景、目标和战略，决定自己的理想、信念和追求，并形成与组织有共性的价值观。

第七，认同可以增强成员对组织的信任。主要体现在对企业的支持和参与度增强；对企业的依存度加大；对实现企业战略和目标的责任心增强。其对企业的认同已经从简单的服从和理解上升到了心灵和精神上的认可，此时，也可以说到了真正意义上的文化和价值认同。员工工作不再是看上级的眼色去做事，而是听从自己内心的声音和指引，实现较高的工作效率，更深远的意义在于它能够开启人内心深处的力量和价值源泉。潜藏在人内心深处的力量是无穷的，认同的本质就是去启动这个力量的源泉。

第八，大大降低企业监督成本。认同力低的人，在工作时不会尽己所能，它需要在制度、流程、管理者或其他监督条件下才能“敷衍”自己应做的工作。认同力高的人，则有一种积极主动的意识，工作时会产生愉悦感，这种因素可以促进其工作的自我管理性，减少组织或管理者的监督成本。

第九，有利于制度的主动执行。制度可以强加于人，但效果不会好，内心认同才能自觉践行，春风化雨方可润物无声。如果执行人对其产生了认同，解决了由于思想不同而造成操作上的偏差问题，使员工对企业的行为决策有足够的认知度，那么在执行的时候就是受统一思想的控制，就能保持执行的一致性，从而更好地完成任务，执行就会由被动变为主动。

纵览认同力的优点，可以从中提取出我们在人才甄别时加以利用，同时，也让我们将认同力列为岗位胜任素质的共性标准，增强了说服力。

四、认同力的素质层级

如同其他岗位胜任素质一样，认同力素质在不同的岗位对其需求也有所差别。认同力素质包括两个层面：

一方面是信念层，它是指人用自我信念系统中形成并存在的信念为基准，与另外一种理念进行比对、匹配，得出认知差距。这种认知差距单纯从思维的角度，它是在求职者大脑中运行的，我们只有通过将其转化成行为才能感受到。它通常用于求职者对企业文化等理念方面认同度的考查，为便于甄别，我们将其对企业文化的认同进行了分级。

一级：对于企业的价值观和企业文化没有从内心产生共鸣，思维与行为是以不损害自己的利益为标准，并不在意企业未来的发展。

二级：对企业的价值观和企业文化有一定的理解，能产生部分理念共鸣；工作能体现出内在的主动性和主人翁意识，相信企业有发展前景，能主动关注企业。

三级：对企业的价值观和企业文化有高度认同感，为自己身为企业的一员而感到骄傲；工作体现出很强的主人翁精神；对企业的未来充满信心；组织荣誉感强，积极地参加企业的活动；团队协作好，有为企业而牺牲自我利益的精神，有非常强烈的为企业发展奋斗的使命意识。

四级：对企业有极强的感情，有强烈的归属感，能时刻倡导和践行企业核心价值观及理念，为自己所在的企业感到骄傲和自豪。

从一级到四级，反映了对企业文化认同度的不断加强，以此来对比求职者的认同感。

另一方面是能力层，指人的认同思维层，它是对随即出现的理念认识的反应。如某领导就“员工连续三次迟到即开除”的规定征求下属张先生的意见，张先生可能会有这几种反应：认为不讲人性，坚决反对；认为虽然有不讲人性的成分，但也不是没有道理；认为既然提出了这一规定，领导一定进行了多方面的考虑，一定有理由，应支持。张某的每一种反应即代表了认同力思维的一个层面，第一种反应是最低层面的认同，第三种反应是高层面的认同。

如此，我们将认同的思维层面概略地分成三个层级。

一级：对于外部的任何事物，只与自我信念系统中的信念进行比对，不思考任何内在或外在条件因素，也即“怎么想就怎么说，不会拐弯”。此类人很自我、自负，难沟通、交流，不易改变。

二级：在与自我信念系统中的信念进行比对的同时，还在考虑对方提出的理由，他会在内在的信念与外在的理由间寻找支撑点，他还会问寻他人，然后做出决策。此类人有一定的系统思考意识，不完全以个人好恶做出决策，属于人们常说的“说的进话去”的人。

三级：其面对问题时，首先不是拿出自我的信念系统中的信念进行比对，而是考虑对方提出的理由、是什么样的外部条件促使其做出这样的决策、决策影响人可能会有什么反应等，然后，才是与自我的信念进行比对。此类人善于系统思考，善于深入全面分析解决问题，主动沟通力强，其得出的结论具有很强的实践性，属于具备高级认同力的人。

将认同力仅分为三个层级是不够的，我们可以在工作实践中，多分几个层级，以便更有针对性地结合岗位与求职者的认同力水平进行比对，将合适的人放到适合的岗位上。

之所以从两个层面描述认同力的层级，是为了理解方便。其实，认同力很难进行拆分，每一个层面中都会隐含着另一层面的因素，切不可固守套路，应灵活理解和使用。

五、认同力的甄别

面试中对求职者进行认同力考查，关键是解决两个问题：一是求职者的价值信念是否与公司核心文化理念契合，即求职者对企业核心价值观、经营理念、哲学、愿景等的认同，对规则、制度、流程和行为习惯的认同；二是求职者的认同力是否符合岗位胜任素质要求，即其认同意识的强弱，或者说对不属于自我理念、价值体系的东西的接纳程度与岗位要求的匹配度。

人的很多素质都会影响认同力的强弱和形成，因此考查认同力不可能对所有影响认同力的要素进行测评。前面我们讨论了认同力的五个核心要素：辩证思维意识、换位思考意识、规则意识、能量认知意识、仁爱意识，这些要素对认同力有着至关重要的影响，从此处入手能基本了解一个人的认同力。

1. 是否具有辩证思维意识

辩证思维意识的考查较为容易，只要掌握辩证思维的特点即可。通常有较强辩证思维意识的人会从多角度思考问题；会由浅入深地分析问题；会关注环境对问题形成的影响；会考虑到个体素质差异对处理问题的影响等。我们还可以对辩证思维者的处事习惯进行分析，得出一些典型的行为表现特征，作为考查时的参照点。

在此基础上，我们可以采用结构化面试的方法，提前设计面试题目、答题要点、评价标准等。当然，也可以使用情景面试法。还可以用随机面试法，即根据求职者的现场情况随机提出问题，判断求职者的辩证思维意识。

如面试官提出：“本公司每周只公休一天，你对此有何看法?”具备强辩证思维意识的求职者，一般不会只做“没有看法或不认可”等简单回答。他明白你提出此问题的目的是让其对此情况进行分析（这也是辩证思维的表现），由此，会从不同方面分析、阐述认可或不认可的理由。面试官可以根据求职者对问题的回答，来判断其辩证思维意识属于哪一个级别。

考查求职者的辩证思维意识状况，不能单单只是面试官提出问题，也可以针对求职者表述出的问题进行追问，以分析其辩证思维意识的强弱。如在其说明为什么选择向本公司投送简历时就可以追问：“能否说一下你选择就职单位的标准?”大多数辩证思维意识强的人不会是一个标准，一般是越强理由越多（注意，多一定是有依据，条理清晰；没有理由的乱、多，并不是辩证思维意识强的表现）。

有时，我们也不用专门提出针对性的考查辩证思维意识的问题，优秀的面试官能从整个面试的过程中，通过对每一个细节的归纳分析，判断出求职者的辩证思维意识的强弱。

2. 是否具备换位思考意识

考查求职者的换位思考意识，可以从两个方面着手。

一方面，采用观察法。具备强换位思考意识的人，在回答面试问题时，目光会盯住面试官，以观察面试官对其回答的反应，从而调整自己的回答。在面试官提出问题时，不会马上回答，会有稍长一点的停顿，因为他不但要思考答案，还要猜测面试官期待什么。

另一方面，提出与面试官本人或者公司利益相关的问题，请其回答。如“你的薪酬期望较高，如果将你推送到下一级的面试，可能会有人说我有私心，这是一个难题”。对此，换位思考意识强的求职者会表现出很为难的表情或肢体动作，在其期望得到这份工作时会主动降低薪酬；即使不愿意降低薪酬，也会提出一个能让面试官接受的建议。

面试官也可以提出一些应该换位思考的问题，测试求职者的反应。“大龄青年不顾父母的感受，坚持不降低择偶标准。你对此怎么看?”对求职者提出这样的问题，即要求求职者对大龄青年和其父母两个方面都要进行分析，站在大龄青年的角度要考虑父母的心情；站在父母的角度要考虑大龄青年的感受。从其回答中，分析判断其换位思考意识的强弱。

面试官还应该准备一些与本单位有关联的问题，或者是本单位存在的一些需要进行换位思考的问题来测试求职者，这样效果会更好。如“你如何看待员工期望涨薪，而公司利润薄又无法支撑涨薪的问题?”关于换位思考意识，面试官也可以通过求职者对其他问题的回答分析得出。

3. 规则意识

规则意识不单纯是考查认同力的要素，在本书的相关章节中有过一些讨论，在此深入一下。考查求职者的规则意识，从筛选简历时就开始了。规则意识强的求职者很看重简历书写的原则和要求，他们的简历相对来讲条理分明、内容全面，即使是有一些创意，也会体现得合乎章法。

面试环节，面试官应注意求职者的表情和行为，这是比提问更能观察到其内心素质的方法。曾经，我在面试一位房地产开发项目经理岗位的求职者时，他有过这样的动作：在谈话进行中，他起身走到自己的包旁，从里面拿出香烟和打火机，然后回到原来的座位上……对此，我们即有了其很可能是个规则意识不强的人的猜想。接下来，我注意了对其规则意识的考查，结果证实了我的猜想。为什么他的一个动作能引起我的猜想呢？因为通常情况下，面试过程中禁止吸烟似乎是一个约定俗成的规则，所以，有吸烟习惯的求职者在面试时，即使想吸烟也会坚持忍耐；在无法坚持时，最好提出要求，征得面试官的同意。此例中的求职者不顾面试官，自行去取香烟的动作，证实了其对规则的认识。

规则意识的强弱会在叙述情景时有所表露，关键是面试官是否有敏锐的洞察力。当然，也可以在面试前设计有针对性的问题，对求职者进行测试。

4. 能量认知意识

前面我们讨论了能量认知意识的基本涵义和人的这一素质强弱特征的思维行为表现，针对这些特点我们对其进行甄别，即有了考查的依据。

对求职者进行能量认知意识的考查，通常采用（关键事件）STAR 面试法。第一，了解求职者工作业绩取得的背景，确认取得成就与其努力的关系。第二，详细了解求职者为完成任务需要做哪些工作、具体内容，以了解求职者对任务强度的认识。第三，了解该求职者是如何完成工作的，都采取了哪些行动，通过这些可以了解其对能量的认知和使用状况。第四，了解关注结果，求职者自己对结果的满意程度。如面试官可以问："请谈一下在以往的工作中，你认为最成功的一件事。"通过求职者对问题的回答，分析其对自我能量的认知，判断其强弱。

另外，压力面试也是测试求职者能量意识强弱使用较多的方法，但使用压力面试法时应注意压力题的设计。通常的压力测试题是以提出异议，通过提出生硬的、不礼貌的问题故意使求职者感到不舒服，目的是有意制造紧张感，以了解求职者面对工作压力的能力，而在面试此项素质特征时，则会从增加完成任务难度的角度入手设计问题。如"你现在的位置是济南，任务要求你在 1.5 小时内赶到北京，你能否到达?"一般人考虑到最快的交通工具是高铁或飞机，但在如此短的时间不可能到达，因为高铁最快也要一小时五十分钟，这还不算进出站时间，乘坐航班也不可能。能量认知意识弱的人会考虑无法完成，直接回答"不能到达"。而能量认知意识强的人会先回答"能"，而后才会考虑如何实现。

能量认知意识还可以通过直接的问题讨论来测试，如"请你谈谈对'一切皆有可能'这句话的看法"。能量认知意识强的人往往首先肯定，而后，会大谈为什么会如此；而能量认知意识弱的人也有可能首先肯定，但接下来会大谈实现的条件，或者说在哪些情况下可行。

5. 仁爱意识

仁爱意识强的人具备许多显著的特点：如乐意接受他人；期望他人快乐；有尊重他人的基本心态；己所不欲，勿施于人；每个人都是善人；问题一定有缘由等。因此，考查求职者的仁爱意识，研究其平时的行为是一个很有效的方法。

面试时，面试官可以依据仁爱意识的特点提出问题。如“你如何看待前段时间某地出现的豪车司机辱骂环卫工人的问题?”通过其对这一问题的回答来分析其仁爱意识。但要防备其“假慈悲”的表演。揭开“假慈悲”面罩的方法是仔细观察其语言表达时的情绪表现，语言可以口是心非，而情绪的变化很难伪装，要注意观察其情绪的表达与语言的表达是否一致，一致则实，否则就应引起警觉。当然，遇到表演高手的情况也是有的。

另外，求职者的人际状态也会表现出其仁爱意识的强弱。仁爱意识强的人有很广的朋友圈。同时，其朋友的友情持久、关系牢固，反之，则朋友稀少。

仁爱意识的考查方法很多，如讨论法，可以就某一相关问题展开讨论，通过讨论观察其所持的观点、理念，进而分析其仁爱意识的强弱。

对人认同力的考查不仅仅限于通过这些核心要素进行求证，日常生活中的一些方法也非常实用。如观察一个人是不是好说话，是不是容易与他人发生矛盾，是否以首先接纳的态度对待他人的观点、理念，他们不乐意与人争执，而习惯于深度思考等。另外，认同力强的人有着较一般人多的正向人格品质、理念、态度。

第十一章 5+X共性素质特征之学习力、沟通力、意志力

一、学习力是什么

学习力是当今一个时尚的话题，社会需要、家庭需要、企业更需要，可以肯定每位管理者都希望得到学习力强的员工，因此，甄别求职者学习力的强弱就成为面试官的一项必备技能。

企业竞争的真谛是什么？有人说是产品的竞争，有人说是技术的竞争，最近喊得比较多的是人才的竞争……无论是产品的竞争还是技术的竞争，最终都会落到人的身上，这是一个不争的事实，而人的竞争是在争什么呢？先不要急于回答，我们再说明一点，人才是有极强时间制约性的概念，即你只能保证自己今天是人才，却无法保证明天还是人才，因为当下的知识技能不能保证明天不会落后，一旦落后，你将被淘汰出人才圈子。复旦大学原校长杨福家教授说："今天的大学生从大学毕业刚走出校门的那一天起，他四年来所学的知识已经有50%老化掉了。"当今世界，知识更新的速度越来越快，世界教科文组织的研究证明，除通用的应用知识外，其他知识的更新速度达到了每年20%，而专业知识的更新速度更快，达到了25%。至此，我们可以回答前面的问题了，即人才的竞争根本是知识更新速度的竞争，而知识的更新速度取决于一个人的学习力。

人才是一个动态的概念，其动因来自于知识的爆炸性增长，人之“才”亦如逆水行舟，“才”不进则退，人对知识的获取速度只有超越知识的老化或淘汰的速度，才能与时俱进，而进的条件是有强的学习力作为支撑。

就企业而言，应努力构建学习型组织，只有如此才能在未来的竞争中立于不败之地。人是企业唯一具有自主学习活力的细胞，这些个体的学习力造就了学习型组织。因此，每一个组织成员的学习力决定了整个组织的学习力。企业的竞争最终一定是学习力的竞争。学习力是创造一切物质和精神财富的原动力，从这一角度出发，学习也是生产力。

1965年美国麻省理工学院教授佛睿斯特（《第五项修炼》的作者彼得·圣吉的老师），在其文章《一种新型的公司设计》提出了“学习力”一词。

对于学习力的概念及内涵，尽管立论很多，但没有一个令众人认同的结论，倒是学习力的构成已经形成了几种典型的观点。

美国哈佛大学W. C. Kirby教授（2005）经过长期的研究和教学实践，丰富了学习力的内涵。在其出版的专著《学习力》中，将学习力概括为学习动力、学习态度、学习方法、学习效率、创新思维和创造力的一个综合体。还指出：学习力还包括兴趣、好奇心和创造等因素。人们称其为“综合体说”。

英国布里斯托尔大学Guy Claxton教授（2002）认为学习力由四个要素构建而成，从而通过四种行为所表现出四种力量“4R”：顺应/顺应力（resilient/resilience）、策应/策应力（resourceful/Resourcefulness）、反省/反省力（Reflective/Reflection）、互惠/互惠力（reciprocal/Relationships）。人们称其为“四要素说”。

“七要素说”。英国ELLI项目以Guy Claxton教授的开拓性研究为基础，经过深层次研究，认为学习力的构建要素应包括：变化和学习

(Changing and Learning)、关键好奇心（Critical Curiosity)、意义形成(Meaning Making)、创造性（Creativity)、学习互惠（Learning Relationships)、策略意识（Strategic Awareness)、顺应力（Resilience）七个要素，且七个要素相互依赖、相互促进，属同一事物的不同方面，其中一个或者两个要素获得发展，其他要素及个体的学习力水平亦能获得一定程度的提升。

学习力是人们获取知识、分享知识、使用知识和创造知识的能力，其核心是将获取的知识进行价值转化的能力，是衡量个人综合素质的重要指标。其构成，笔者倾向于美国哈佛大学 W. C. Kirby 教授的“综合体说”，个人感觉简化成动力、毅力、方法、创新、转化率五个方面较为贴近实际。即学习力是由学习的驱动力、学习的毅力、学习的方法、创造知识的能力、获取知识向价值或知识资本的转化率五个要素构成，我们简称其为“学习力五要素”。

学习力是多要素组合效应概念，一组效应是获取知识的能力，它是影响学习力的直接要素，由三部分组成：一是学习的欲望或者驱动力，它取决于是否能将欲望转换成目标、目标与兴趣点的契合度、价值观；二是学习的意志力，它取决于专注力、目标的吸引力、智力对行为的支撑力；三是学习的方法，它取决于记忆力、理解力、规划及路径的适用性等。三要素相互影响、相互作用，直接关系着学习力的强弱。另一组效应是知识向价值效益的转化能力，由知识的创新与知识向成果的转化率两部分组成，知识创新的目的是应用；知识的转化率是学习者将获取的知识转化成成果效益的程度。

学习力的根本目的是学习者能否将获取的知识转化成知识资本或者价值效益，仅有学习的强弱，学习力也就失去了意义。无非是给社会添加了一个“书呆子”，而当学习者能将知识进行再创造，将知识向价值成果转化时，才是我们真正想要的学习力。

二、学习力要素分析之驱动力

想成为一名真正的面试官，需要掌握影响学习力的主要因素是什么，如何将其可视化。因为只有掌握了影响学习力的要素，我们才能从求职者对这些要素的反应中推断出学习力。假设“名誉”是影响学习力的一个要素，我们就可以通过求职者对名誉的重视或珍惜程度去判断其学习力，当然，影响学习力的要素很多，仅凭某一个要素不可能做出正确评价，需要对若干个要素表现进行综合分析。

学习力三要素可以认为是对影响学习力要素的高度概括，应用于面试实践需要对其进行仔细分析，进行要素细化，并做可视化处理。

1. 学习驱动力

驱动力是心理动力学的一个名词，心理动力学认为人的行为动力源自两个方面：一方面是从继承（遗传）而来的生物本能；另一方面是后天而成的个人与社会或他人的差距要素、所处环境要素。这两个方面促使人的生理唤起和心理满足需求，从而产生行动的力量。

由此，甄别一个人的学习驱动力，首先要分析其遗传基因，评估其心理需求欲望的强弱。心理需要欲望强的人，在很小的时候就有积极上进、勤奋、不服输的行为表现；而心理需要欲望弱的人，则是容易满足、与世无争的行为表现。人在受教育阶段和现实生活、工作中都有很好的例证，如学校总有一些不爱学习的孩子，即使有时看似在刻苦学习，实则是被逼无奈，有人说“没有不爱学习的孩子，只有不善引导的老师”，此观点本人很难认同。企业中，管理者对员工的学习力寄予厚望，请专家“灌”心灵鸡汤、沟通启发、进行培训，然而，爱学习的人还是原来的几个，不爱学习的除当时有点效果外，最终该什么样还是什么样。细品一下，此类不爱学习者是否与遗传有关呢？我们还要为其付出多大的努力呢？那么，从一开始就选择一个天生爱学习的员工，是不是更易于产生成果呢？

2. 对甄别学习驱动力的影响要素可视化

甄别学习驱动力的另一个要素是后天要素，具备学习驱动力的后天因素的前提，或者说基础是具备一定的学习驱动力先天遗传因素。否则，后天因素不会使人的学习力长久或根本不能形成学习力。先天学习驱动力弱或一般时，后天学习驱动力能影响人的整体学习驱动力提升。

学习驱动力的后天影响因素主要是家庭环境、社会环境、工作环境及生活圈子。在这些环境的影响下，根据影响的强弱，人会产生不同的心理需求，心理学家马斯洛认为人的需求可分为五个层次：

第一，生理上的需求。是人类维持自身生存的最基本要求，包括饥、渴、衣、住、性方面的要求。如果这些需求得不到满足，人类的生存就成了问题。从这一意义上说，生理需求是推动人们行动的最强大的动力。

第二，安全上的需求。是人类要求保障自身安全、摆脱事业和丧失财产威胁、避免职业病的侵袭等方面的需求。

第三，感情上的需求。它包括友情的需求、爱与被爱的需求、归属的需求，即人都有一种归属于一个群体的感情，希望成为群体中的一员，并相互关心和照顾。

第四，尊重的需求。希望自己有稳定的社会地位、个人的能力和成就得到社会的承认，有自尊、受到别人的尊重。

第五，自我实现的需求。是指实现个人理想、抱负，发挥个人的最大能力，完成与自己的能力相称的一切事情的需求。

马斯洛认为：五种需要像阶梯一样从低到高，按层次逐级递升，当然也会有例外。一般情况下，当某一层次的需求相对满足了，就会向高一层次发展，追求更高层次的需求；五种需求可以分为高低两级，其中生理上的需求、安全上的需求和感情上的需求都属于低一级的需求，这些需求通过外部条件就可以满足；而尊重的需求和自我实现的需求是高级需求，是通过内部因素才能满足的，而且一个人对尊重和自我实现的需求是无止境的。同一时期，一个人可能有几种需求，但每一时期总有一种需求占支配地位、对行为起决定作用；任何一种需求都不会因为更高层次需求的发展而消失；各层次的需求相互依赖和重叠，高层次的需求发展后，低层次的需求仍然存在，只是对行为影响的程度不同。

马斯洛的层次需求理论，对于我们甄别求职者学习驱动力的后天要素有十分重要的指导意义，它揭示了人们不同环境下对需求层次的不同需要。

学习驱动力后天要素的可视化探讨：

求职者的父母是否具备积极进取的意识和习惯；

求职者所在学校特别是班级的学习风气；

求职者的主要朋友是否以积极努力者居多；

求职者工作单位人员的心态主流特征等。

影响学习驱动力的因素很多，我们可以在工作中加以探讨，从面试实践中总结出更加实用的甄别要素。

三、学习力要素分析之意志力和学习方法

1. 意志力

学习意志力是人获取知识的持续程度、抗干扰能力、克服困难能力、与心理需求的匹配度、注意力等心理要素的综合行为表现。它受先天因素的影响，也会受到后天因素的制约。

可视化探讨：

业余爱好及其程度；

职业倾向的专一度（考查点可从简历上得到，如跳槽时也换专业）；

专业技能的精深程度及时间跨度（有的人有较好的专业水平，但用的时间超过了一般人所用的时间，要特别注意区分经验与专业，熟练不等于精业）；

对自己喜欢的事有无持续兴趣点；

对于从事的行业或领域的信息的关注度等。

学习意志力是学习力测评中仅次于学习驱动力测评的要素，它影响着学习的效果。

2. 学习方法

对此，似乎不需要进行细致的分析，面试官们也会理解其精深要义。但是，有一句话是“越是熟悉的东西，往往我们越是不懂”。

学习方法影响着知识获取的效率，关于学习方法及如何提升学习效率不是我们今天讨论的话题，今天我们要对人是否具备寻求学习方法的意向、不断改进学习方式提高学习效率的追求倾向进行分析，以测评求职者捕获学习方法的能力。

学习方法寻求倾向性要素的可视化探索：

对事物深度理解存在兴趣，如可询问求职者：“如何理解‘没有最好，只有更好’这句广告词?”通过回答来分析判断其是否有兴趣对事物深度解析的意愿，从而推断其寻求方法倾向性要素的强弱。

不满足于现状，可采用探询其对所从事工作是否在追求更高效率或更便捷途径的方法。可问“你从事的工作一年前是什么状况?”“现在的状况如何?”如果有变化则问其原因，通过对其回答的分析，评估其寻求方法倾向情况。

改善性行为发生的频度，让求职者列举自己认为改善成功，或最得意的改善行为的事例，通过事例的多少、频度来评判其寻求方法倾向性的强弱。

知识获取的体系化程度，碎片化的知识不能创造价值，系统化的知识才能创造价值。学习方法得当的人，更喜欢对知识进行系统的学习，而不是随意捡“树叶”。

学习方法寻求倾向性的测评，相对来说较为简单，但也不能忽视。

不同理念观点的接纳度，可以用“抬杠”的方法，对其观点进行驳斥，观察其反应。

知识的创新与转化，对获取知识的创新度要素与将知识转化成价值或效益的要素，简单讲就是知识的应用能力。其虽然是测评求职者学习力强弱的一项重要因素，但测评的方法相对简单，主要是看工作有无创新、业绩如何。对此，我们可以从简历中寻找，也可以在面试时求证，这里不再赘述。

对学习力三个要素的甄别不能单一而论，要进行综合分析，多角度求证，以提高测评的准确性。另外，面试官也可以通过求职者在面试过程中谈吐间所显现出的知识含量，与面试问题进行对比，进而佐证判断。

四、学习力、人与岗位

虽然心理因素、环境因素是对学习力的重要影响要素，但有些要素也会对学习力产生影响，如年龄因素、体质变化、强干扰源出现等。如中商国际管理研究院归纳的人的学习力五种曲线，描述了不同人的学习力特征。

（1）蒙智曲线：这类人有的有学习障碍，有的没有启智，好似“白丁”。多数学历低，阅读力和思维力被遮挡，通过学习获得知识的能力明显不足。“蒙智线”实际是一条低而平的直线。处在“蒙智线”的人，多是社会底层的人。先天学习障碍的人，需要社会救助。

（2）早谢曲线：这类人多数在青少年时期接受学校教育，一般取得了高中学历，掌握基础知识，具有通过学习获得知识的初步能力。18 ~ 20岁，学习力登上高点，此后学业松懈，学习力趋降。如盛开的鲜花，过早凋谢，所以称“早谢线”。这类人多处在社会中下层。

（3）中庸曲线：这类人多数在获得高中学历之后，学习力继续向上攀登。继而在高等学府深造，并取得相关专业知识、专业技能，以及相适应的高等学历、学位。至此，学习力已经登上一个新高度，但随后终止了上升趋势，缓慢下行。这类人多是社会中间势力。

（4）卓越曲线：这类人离开学府之后，并没有间断学习。在进入组织后，开启“第二次学习”，学用结合，在干中学，学习力继续向高位强势攀升。在职业生涯结束之际，学习力登上最高点，随后缓慢下降。这部分人多处在社会上层。

（5）睿智曲线：这类人一生当中，学习力始终保持上升趋势，直至生命终结。这是全智人生，也是智慧人生。这类人是出类拔萃的顶尖人才。

根据这一描述，人类学习力发展的基本趋势是从“蒙智曲线”向“睿智曲线”拉升外推，白丁越来越少，智者越来越多。学习力修炼就是将学习力向外拉升的修炼，就是从“蒙智”向“睿智”的修炼。

人类已经处于知识的大爆炸时代，不管你是否情愿，知识也会强力塞进你的大脑，虽然感觉此人有很多的知识，但它不能代表其学习力强。

学习力虽然是每个职位都需求的要素，但我们不能据此对所有谋求该岗位的求职者在面试时进行深度的学习力测试。测试学习力的深度应与岗位匹配，否则会浪费人的才能、浪费面试时间、提高招聘和人力成本。

学习力要素与岗位需求要素的匹配，一般应遵循下列8个原则：

高操作重复性与低学习力匹配；

岗位职能要素的低理解度与低学习力匹配；

高创造性与高学习力匹配；

技能高复制性与低学习力匹配；

高职位与高学习力匹配；

重责任与高学习力匹配；

高成长性与高学习力匹配；

不可预知性与高学习力匹配。

学习力与岗位职能要素的匹配不是一成不变的，要根据具体情况进行分析，通常是超高一个量级配置，以确保工作的可发展性。

小贴士：

实例法是面试中经常使用的方法，它是面试者出题，求职者用自己在原单位实际的做法或经历谈对此的认识和理解。它可以较为准确地发现求职者的真实观点和思维行为习惯，从而推断其在今后工作中的行为习惯。这是利用了心理学中人的行为习惯相对难改变的理论。

“未来的文盲不再是不认识字的人，而是没有学会怎样学习的人。”——埃德加·沙因（世界著名未来学家）

五、沟通力的甄别

沟通力是岗位胜任素质要素中的重要要素，对工作效能有着巨大的影响，许多书籍和文章都做了充分的论述，我们不再赘述。这里我们重点讨论与甄别沟通力素质相关的问题。

沟通力素质对一般性无特别要求的岗位，无需设计专门的考查题目即可测评。但是，对沟通力有特殊要求的岗位，要进行专门的沟通力素质测试。

虽然不同的岗位对沟通力素质特征有着不同的需求，但也有其共性的、基本测试要求。主要有：

1. 确定岗位对沟通力素质的需求等级

同其他岗位素质特征需求需要考虑素质特征强度一样，沟通力素质需求亦是如此。如营销类岗位、管理类岗位、文秘类岗位、外联性岗位等都会需要较强的沟通能力；生产操作岗位、研究岗位、独立操作性岗位相对来讲，对沟通力素质的强度要求低一些。

对此，我们在 5＋X 模型详解中做了素质特征的强度分级，大家可以参考。

完成好沟通素质特征的强度分级后，就要对拟招聘岗位的沟通素质胜任要求进行级别需求比对，定位好岗位沟通素质特征要素的级别，进而挑选出适合级别的求职者。分级不是目的，依此找出对应与适合的人才是目的。

2. 信息传递的深度

考查求职者的沟通能力，首先是看其传递信息的深度，简单理解即是其表达的意思是否能对观点或事物有深层解读，而不是大多数人都知道的一些表面意思。对此，我们可以结合对其他岗位胜任素质要素特征的考查进行。

3. 信息的组织

它考查的是求职者对信息是否有组织能力，是否将需要传递的信息进行分类、排序，是否根据面试官的要求来组织、整理、传递信息，而不是说起话来杂乱无章，想到哪儿就说到哪儿。面试官应根据与求职者的沟通所采集到的信息进行分析，确定其属于哪个层次或沟通强度的级别。

4. 接纳信息的态度

态度似乎不是检验求职者沟通力的要素，但这一认识是极端错误的。如持有自我封闭态度的人，或者说持有过于自信态度的人，他们并不是智商低，也不一定是理解能力差，但他们很难接受不同的意见、观点，这本身就会阻碍沟通。因为他们会把接收观点当成接收信息。有此类态度的求职者不属于沟通力强的人。

5. 信息理解力

面试官发出的信息，考验着求职者对信息的理解力，这是沟通力重要的组织部分或基本要素。沟通力素质强的求职者在没有弄清楚对方信息所传递出的真实意图时，是不会开口作答的，他们会采取询问措施，弄清你要传递的意图。当一个求职者出现几次答非所问，他的沟通力也就明了了。

6. 要点是方法

沟通力面试、甄别，强调的是面试官应掌握的方法、技巧。甄别沟通力的方法从操作上讲即是由浅入深，逐层增加讨论的深度，以此观察求职者的沟通力。

值得注意的是，面试官的沟通力决定了对求职者沟通力判断的准确性。测试求职者的沟通力，更多是面试官的感觉，我们需要的是在整个面试过程中感受求职者沟通力的三个表现：

（1）表达的意思是不是一般人能听清楚；

（2）你说的他是不是能听明白；

（3）他能找到你信息传递链条上的缺陷点，并能组织信息填充。

小贴士：

如何测试自己的沟通能力？

绝大多数人不会承认自己有话说不清，也不愿意承认自己有沟通障碍，但现实生活中，特别是工作中，沟通能力低的人比比皆是。因沟通不畅影响工作、生活、爱情、人与人和睦的现象层出不穷，甚至会造成事业失败，所以，成功学研究者把沟通能力列为成功的必备素质之一。那么，如何才能知道自己在沟通能力上存在的问题呢？下面的方法不妨一试。

1. 录音复听法

在与人讨论问题或交流时，有意用手机或其他录音设备录音，当然，一定是隐秘进行，否则会引起参与者的不满。录好后，播放给自己听，分析自己对观点的表达是否完整、准确、简明。找出存在的问题，并一一记录，以备改正。

2. 假借法

如果自己有发言或讲话机会，将自己的发言或讲话稿（注意，不要再次整理，一定是原稿或原记录）变换一下名字，请别人评价。可以多找几个人，然后把别人评价的观点记录下来，自己进行比对分析，找出表达缺陷。

3. 睹物生情法

无意识准备的情况下，突然针对某事或某物进行语言描述，最好是录音。看表达是否准确、全面，语言是否流畅，描述是否生动、有趣。

4. 察言观色法

在与他人交流时，在众人闲聊的场合，观察别人对自己说话时的表情或反应。注意，如果你是以领导者的身份出现，就没有必要观察了，因为别人传递给你的大多数是不准确的信息。在家中、在参与人与你无上下级关系的场合，其表情反应才是真实的。如观察到别人对你的语言并不在意，或没有引来明显的表情变化，说明你的表达力有问题。此方法需要进行多次的观察、反省和梳理，才能得出结果。

5. 求证法

当与你交流的一方表述观点时，你应有意对其观点进行解剖或分析，然后询问其对你剖析理解的准确性的评价，这是一个测试自己理解力的好方法，不但能起到测试目的，还能彰显出你对对方的重视和尊重，是一举两得的好方法。

六、甄别意志力的六个关键点

意志力是一个心理学概念，指人根据自我需求或意愿、兴趣，选择努力的方向，并调动自己的资源，自动自发应对困难的自我管理过程。凯利·麦格尼格尔在《自控力》一书中提到：所谓意志力，就是控制自己的注意力、情绪和欲望的能力。意志力有两层内涵：一是专注倾向（专注力），对认定或应该完成的工作能持续坚持，并向更好、更深发展；二是韧性，对事的思维与行为，能够保持较长时间的持续性。意志力是事业成功的基础能力，是解决棘手问题的必备能力，是追求更好的必要素质要素。意志力是受遗传及后天双重影响的心理素质要素，两者的影响程度难分伯仲，因为专注与持续性都是智力的遗传因素。

生理学家研究发现，大概在人的两只眼睛中间额头后面的位置，有一块拥挤的灰质区域，是控制人类行为的中枢，并进行能量调度、分配。意志力也由它控制，并得到能量配置，它有自身的运行规律，人必须依附它的运行规律使用它，才能获得强大的意志力，这也正是人难以保持理智去做事，而愿意凭本能去做事的原因。通常早上大脑得到了足够的休息，会给意志力提供充足的能量，此时人的意志力最强，做事会有较高的自我控制能力。

尽管意志力是一种心理素质，有一定的隐藏性，但是我们还是能从其日常生活或工作的表现中发现意志力的蛛丝马迹。有句话很有道理：行为是意志力最真实的表演。所以，面试官应从观察求职者的行为着眼，求证求职者的意志力强度。

1. 持续性的活动

观察求职者有无持续性的活动，可以从两个方面展开。一方面，在简历中挖掘。从一定意义上讲，简历是浓缩版的求职者行为集成表，求职者的很多行为都可以从简历中察觉。如其对从事专业的专注力，有的人不但频繁跳槽，而且频繁转换专业，对此，我们就很难肯定其意志力强；有的人没有频繁跳槽的记录，也没有频繁转换专业的记录，但其进步或晋升的幅度很小，这也不能说明其有很强的意志力，因为意志力的两个特征不仅是能盯住点，还包含有前进的内涵。另一方面，通过询问也能发现其专注力或韧性特征。这就不用举例了，因为面试官在询问时，并不需要多少技巧，关键是对求职者的回答进行判断。

2. 学习力、责任意识与意志力有紧密关联

通常情况下，学习力、责任意识强的人，意志力也会强，这是因为两项素质要素与意志有着紧密的关联性。面试官可以将面试学习力与责任意

识的结果拿来作为衡量求职者意志力的依据。

3. 挑战问题倾向

强烈的挑战问题倾向会产生一些副产品，其中之一就是意志力。因为对于大多数人来说，挑战问题不是一个噱头，而是追求实实在在的结果。这一内在的心理必然驱使其专注与坚韧，只有如此，才能取得想要的成果。所以，面试官可以从其是否具有挑战问题的意识或倾向入手，进而测试其意志力。如我们可以询问其在工作期间解决的棘手问题有哪些、具体过程、取得了什么成果等，通过回答，分析其挑战问题的倾向性或者强度。

4. 兴趣爱好

此类问题，求职者一般不会防范，会如实回答；即使不如实回答，我们也会通过对其追问来证明真伪。

分析求职者的回答，有两种表现可以求证意志力：一是没有任何爱好，只有工作，是将工作当成人生的两个层面，既是事业又是爱好，此类人有意志力（注意，只是工作，业绩平平可不是有意志力的表现）。二是有倾向性非常明显的爱好，且有成果。如求职者回答自己喜欢跑步，且坚持每天早上跑步，这也是意志力强的表现。有一类人在现实中不在少数，他们有一些爱好，但不专一，也不精通，有时间就玩，没时间就算了。此类人一般意志力不太强。当然，我们不能一概而论，因为哪一类人中都会有特殊情况。

5. 小事情大意志

生活中的小事情也会暴露出求职者的意志力。如面试官问：“你认为每天刷一遍牙好，还是刷两遍好？你是如何做的？坚持了多久？效果如何？”对此问题，一般的求职者不能判断出你在测试什么，会如实回答，恰恰是这种如实回答能求证出其意志力的强弱。如果其能清晰地回答出自己的观点、做法及实践的持续时间，其意志力还是可圈可点的。否则，就要怀疑其意志力了。

6. 身体特征的变化

意志力强的人情绪、呼吸、肢体动作等都具有相对的稳定性，即使是遇到孟子所说的“天将降大任于斯人也，必先苦其心志，劳其筋骨，饿其体肤，空乏其身，行拂乱其所为，所以动心忍性，曾益其所不能”的情况，也会相当沉静。意志力是很难永远隐藏的，因为它与工作的业绩有关联，只要面试官用心，它将无处遁形。

注意，甄别求职者的意志力一定要与岗位意志力素质要素的强度要求相结合，在 5 + X 人才甄别模型详解中，我们给出了一些强度级别的参考，大家可以回顾一下。

至此，我们对职业品格、认同力、学习力、沟通力、意志力五个岗位胜任素质要素的甄别方法全部进行了讨论，其中的方式方法不一定完全适用，大家可以作为参考。

第十二章　专业技能的考查：辨“能”识“技”

原蒙牛集团创始人、总裁牛根生说："我选人的原则是：有德有才坚决重用，有德无才培养使用，无德有才控制使用，无德无才坚决不用。"这句话已经讲得很明白了，企业选拔和用人的重点应放在对德与才两个要素的考查、甄别上。对此，我总感觉还缺点什么，于是在偶尔的一次与牛总的交流中抛给他一个问题："您所讲的德是什么？才又是什么？"牛总说："德是做人，特别是做企业人的能力（我理解为职业道德），才是做事的能力（我理解为专业技能）。"牛总的概括十分精辟，道出了企业招聘对求职者进行素质考查的关键点。专业技能是岗位胜任素质中的必要条件，是甄选面试成败的决定性因素。

对求职者专业技能的考查不会有人不重视，除非这个岗位根本不需要什么专业。但有一种现象，许多招聘入职的员工在专业技能甄选时过关、合格，可是使用时却不尽如人意。为什么会出现这样的情况呢？通过研究，我们发现了三个主要问题：一是当招聘中涉及求职者的专业技能素质要求时，一般会由懂专业的人员进行甄别，并确定是否符合要求。此时，其他考查者会不由自主地退居第二位，形成了录用与否由专业人员说了算的局面，而专业人员又不太懂得进行人员的综合性素质考评分析，更不了解和掌握岗位胜任要求中的其他要素要求，造成了求职者在其他素质缺失或不能满足岗位胜任条件下入职，埋下了不适岗的隐患。二是 HR 人员没有弄清德与才的内涵与关系，自己也不懂得招聘甄别专业人员的方法、应坚持的原则，盲从于参与招聘的专业人员的结论，给一“专”独大的求职者开了入职的口子。三是领导者武断，唯“才”是举，完全不听取他人的建议、意见，直接拍板录用。

这三个问题，表面看不全是 HR 人员的责任，但仔细分析不难发现，主要问题还是出在 HR 人员身上。一方面，HR 担负着招聘的初选任务，我们为什么不在初选甄别时就发现求职者存在的不适岗的问题呢？在这一环节刷掉，不比推送到下一环节或入职试用更强吗？另一方面，考评求职者的专业技能，只是根据岗位胜任素质进行甄选的一项内容，如果仅以专业技能的强弱而取代了其他素质要求，那就是没有坚持甄选的原则和标准，应给予纠正。

一、专业技能考评的先决要素

对求职者专业技能素质的甄别，绝对不能就专业论专业，应永远牢记专业技能素质仅是岗位胜任素质中的一个要素的理念。要在甄别前做好考评要素的梳理工作，确定考评哪些要素，每一个要素应占的权重，以什么样的标准进行考评。

首先，确定岗位专业技能需要的级别要求。任何一个岗位对专业技能的需求都是有层级条件的，并不是越精通越好（因要考虑到人力资源的成本因素），面试官应根据岗位的特点，与岗位需求部门的专业人员进行沟通，确定此岗位对专业技能的水平要求。为了便于进行甄别，我们可以将专业技能根据精湛程度进行等级划分，通常由低到高分成五个层级，使用较为方便。

1 级：属于学徒级。此层级人员没有任何专业工作经验、技能、知识，仅具备能够学习的体能、文化水平条件。

2 级：低专业水平。刚刚出徒，初步掌握了专业的基础知识、技能，有一定的实践经验，能独立完成较为简单的专业工作任务，稍复杂的专业操作或任务仍然需要师者指导。

3 级：中等专业水平。具备了较为系统的专业知识，有一定的实践经验，专业技能较为熟练，能独立完成一般的专业工作任务，专业技能的改善、创新意识开始萌生，并有小的成果。

4 级：上等专业水平。具有系统的专业知识，专业技能熟练，实践经验较为丰富，能独立完成较为复杂的专业工作任务，有创新与改善意识，具备一定的改善、创新能力，小成果不断出现，已经具备了帮带他人的能力。

5 级：高级专业水平。具备系统完善的专业知识、丰富的相关领域知识、娴熟的专业操作技能、丰富的实践经验，能独立或带领团队完成复杂的专业工作任务或进行技术攻关，创新、改善意愿强烈，具备教练能力。

目前，国家有关部门、行业组织也有对一些专业的评级，可以作为专业技能水平甄别的依据或参考，但是，建议要进行再次的核实与甄别。因为有些求职者虽然手中持有证明其专业技能水平的证书，但他们的真实水平还需要考证。

仅以我们熟悉的人力资源管理师为例：

人力资源管理师是获得国家职业资格证书，从事人力资源规划、招聘与配置、培训与开发、绩效管理、薪酬福利管理、劳动关系管理等工作的管理人员。人力资源管理师共设四个等级，分别为：四级企业人力资源管理师、三级企业人力资源管理师（专业初级）、二级企业人力资源管理师（专业中级）、一级企业人力资源管理师（专业高级）。按照这四个等级的要求，四级与三级的专业水平能够胜任企业人力资源管理专员岗位的工作；二级的专业水平能够胜任企业人力资源主管或经理岗位的工作；一级的专业水平能够胜任企业人力资源经理、总监以上岗位的工作。

现实中，大多数持证人员不具备其等级要求的专业水平，甚至有的高级人力资源管理师仅仅具备企业人力资源管理专员岗位的水平。原因是这些专业水平证书的考取相对容易，只要将一两本教材熟记于心，再加上一定的工作年限就能过关。

其他专业的技能证书，我也遇到了很多，不少人都是徒有虚名。因此，对专业技能等级的评定还是请企业或外部的专业人员亲自把关为好。

第一，对于技术等级，我们还可以再进行两个类别的划分。即将技能、熟练程度、经验等较为单纯的操作性能力与技术性管理技能划分。目的是区分出哪一类的人员仅具备专业操作技能，哪一类人员不仅具备专业技能还具备管理能力，以便进行岗位胜任的匹配。如服装公司的熨烫整理岗位，其胜任素质要求是单纯的专业操作技能型人员，它要求的是对设备使用的经验与熟练程度。而熨烫整理车间主任岗位，岗位胜任素质要求其不仅要懂熨烫整理，还要懂得管理。

此外，作为面试官应尽量掌握所服务企业的一些主要专业的知识，对其专业技能有基本的了解，以便在招聘甄选时协助专业人员做好选拔工作。

第二，确定其他素质与岗位的匹配度。专业性岗位上出现的人不适岗问题，主要由两种原因造成：一是专业技能与岗位要求不匹配，要么是大马拉小车，浪费专业技能资源，要么是小马拉大车，无法工作。二是非专业素质与岗位不匹配，有的人专业技能可以适应岗位要求，但其他素质达不到。如服装公司的缝纫岗位，要求员工有相应的缝纫技能，还要求其爱岗敬业，有吃苦耐劳精神，否则，专业技能再强，如果不能吃苦耐劳、耐不住性子，也不能适应岗位。因此，面试官在甄选时，不但要对求职者的技能层次做到准确评估，还要对其与岗位胜任关联的其他要素进行评估，做到全方位匹配。

第三，区别专业管理岗位对专业的真实需求。管理岗位的专业技能要求与纯专业技能岗位的专业技能要求，有本质的区别。基层管理岗位对专业技能的要求最高，它不但要求其专业技能完全能胜任操作岗位的工作，还要有创新意识、改善理念、管理技能。如果其管理的范围有多种专业技能岗位，那么，他至少应有一项是专业级，其他几个专业也要做到比较熟悉。中层管理岗位人员的专业技能水平要求相对基层低一些，但其要具备进取精神、挖潜意识，能够对相关行业有较深的了解。高级管理岗位要熟悉其所属岗位的专业技能，有一定的操作水平和经验，同时，专业技能知识更新速度要快，有积极的变革理念、不满足于专业技能现状的心态，具备较强的专业管理技能、领导力。

另外，面试官、其他参加甄选的人员应针对自己的弱项进行补课，不能对招聘岗位的胜任素质要求一窍不通。如负责专业技能面试人员，也要学习岗位胜任素质中的非专业素质知识；其他非专业面试人员也要学习相关专业知识。有两个问题必须注意：切记不能不懂装懂，滥竽充数；切记不要喧宾夺主，固执己见，对于专业技能问题一定要以专业面试人员的意见为主。

二、善辨“能” 与“技”

不懂或不精通专业技能的人很容易被“技”所唬。在此，我们不妨欣赏两则故事。

故事之一：纪昌学射

甘蝇是古代一个善于射箭的人，拉开弓，兽就倒下，鸟就落下，百发百中。甘蝇的一个弟子名叫飞卫，向甘蝇学习射箭，但他射箭的技巧却超过了他的师傅。纪昌又向飞卫学习射箭。飞卫说：“你先学会看东西不眨眼睛，然后我们再谈射箭。”

纪昌回到家里，仰卧在他妻子的织布机下，用眼睛注视着织布机上的梭子练习不眨眼睛。几年之后，他练到了即使锥子尖刺在他的眼眶上，他也不眨一下眼睛的功夫。

纪昌把自己练习的情况告诉了飞卫，飞卫说：“这还不够，还要学会视物才行。要练到看小物体像看大东西一样清晰，看细微的东西像显著的物体一样容易，然后再来告诉我。”

纪昌用牦牛尾巴的毛系住一只虱子悬挂在窗户上，面向南远远地看着它（因为太阳在南，可以练习眼睛对光的适应能力），十天之后，看虱子渐渐大了，几年之后，虱子在他眼里有车轮那么大。用这种方法看其他东西都像山丘一样大。纪昌便用燕地的牛角装饰的弓，用北方出产的篷竹作为箭杆，射那只悬挂在窗口的虱子，穿透了虱子的中间，但绳子却没有断。纪昌又把自己练习的情况告诉了飞卫，飞卫高兴得抬高脚踏步、跺脚、拍胸膛，说道：“你已经掌握了射箭的诀窍了！”

纪昌把飞卫的功夫全部学到手以后，觉得全天下只有飞卫才能和自己匹敌，于是谋划除掉飞卫。终于有一天两个人在野外相遇。纪昌和飞卫都互相朝对方射箭，两个人射出的箭正好在空中相撞，全部都掉在地上。最后飞卫的箭射完了，而纪昌还剩最后一支，他射了出去，飞卫赶忙举起身边的棘刺去戳飞来的箭头，把箭分毫不差地挡了下来。于是两个人都扔了弓相拥而泣，认为父子，发誓不再将这种技术传给任何人。

故事之二：陈康肃射箭

宋朝有个叫陈康肃的人，自认为十分擅长射箭。能够在百步开外射中杨树的叶子，这样的射技举世无双，再没有第二个人能够比得上，陈康肃对自己的本领很是自负。

有一次，陈康肃在自家后花园的场地上练习射箭，引来很多人围观。有一位卖油的老头儿挑着担子经过，也停下来，放下担子，斜着眼睛看陈康肃射箭，很久都没有离开。陈康肃的箭术果然名不虚传，射出的箭十次有八九次都射中靶心。围观的人们大声喝彩，手心都拍红了，只有那位卖油的老头儿仍斜眼瞅着，只稍微点了下头。

陈康肃见老头儿似乎有点看不上自己射箭的技艺，又生气又不服气，就放下弓箭走过去问老头儿：“你也懂得射箭吗？难道你认为我射箭的技术还不够精吗？”老头儿平静地回答说：“我觉得这也没什么了不起的，只不过你练得多了，手熟而已。”陈康肃终于发怒了，质问道：“你怎么敢如此贬低我的绝技！”老头儿也不急，不慌不忙地说：“我是从我多年来倒油的技巧中懂得这个道理的。我演示给你看一看吧。”说完，老头儿把一个葫芦放在地上，又取出一枚圆形方孔的铜钱盖在葫芦嘴上，然后他用一把油瓢从油桶里舀了一满瓢的油，再将瓢里的油向盖着铜钱的葫芦嘴里倒。只见那油成细细的一线流向葫芦嘴，均匀不断。等油倒完了，把铜钱拿下来细细验看，竟然连一点油星子都没有沾上。在人们一片啧啧称奇声中，卖油翁笑了笑，说道："我这点雕虫小技也没有什么了不起的，不过是手熟而已。"

陈康肃看完了表演以后笑了起来，客客气气地把卖油翁送走了。

故事给我们的启示：纪昌学习射箭，第一是刻苦练习；第二是用心学习；第三能融会贯通、举一反三，要求纪昌不但要有吃苦耐劳的精神，还要有学习的能力与聪明才智。如此三者结合，练就了高超的射箭技能，它体现了一种"能"力，而不是单纯的"技"。

技，从字面理解，其是形声字，以手为主意，支是声部，也含"支撑"之意，"手"与"支"结合表示"维持、支撑生活的手艺"，它突出的是肢体行为，少含思维与智慧行为。岗位的专业技能素质既可以是以智慧、知识、经验相结合为主而形成的能力，也可以是以肢体反复操作形成的熟练程度为主的"技"能。这两种都可以称作技能，但有本质的区别。

与纪昌学射不同，陈康肃射箭主要体现的是"技"。这则寓言告诉我们，再难的事，只要反复地不间断地练习、实践，日久天长，必定会熟能生巧。那么，我们在对求职者进行专业技能甄别时，就要分析清楚其所掌握的哪一种是"技"、哪一种是"能"，不能仅以操作熟练程度来评判技能的高低。

三、专业技能岗位的通用素质和匹配内容

1. 专业技能岗位的通用素质

不管一个岗位的专业性有多强，从业者仅仅具有专业技能也不可能完

全适应岗位胜任要求，必须有相应的辅助素质才能适应岗位，因为岗位不是处在真空里。那么，面试官除对求职者专业技能考查外，相关的素质还应考查什么呢？

学习力：自我学习能力非常重要，没有主动学的意愿、不掌握学习方法、没有持之以恒的学习毅力，即使有一些专业技能，水平也高不到哪里去，很容易被后来的人超越。当今时代专业技术的更新速度令人咋舌，有些岗位专业技能相对稳定一些，但更多的岗位需要不断学习新知识、新技能。学习力的强弱是岗位胜任素质必须具备的能力，只是有些岗位需要强些，有些需要弱些而已。

理解力：专业技能的学习与更新、技术改善的推进、相互间的技能交流，都需要以理解力作为支撑。

专注力：“三天打鱼，两天晒网”的人不可能成为技能的精英，所甄选的人员应适应不同的岗位对专注力的不同要求。

协同力：团队合作是企业活动的主题，没有独立的岗位，更没有独立的员工，每个人都需要协同。所以，协同力是一个专业人员应具有的基本素质。

表达力：专业技能可以自己用，但在组织中不一定要独自拥有，传授给更多的人才更有价值，这需要表达力；专业技能的提升离不开交流，亦需要表达力。

这些素质仅是相对于专业要求较高的技能性岗位的一般需要高度关注的素质，另外还有职业道德、挑战问题的意识等通用素质，面试官应视情况给予测评。

2. 与专业技能岗位匹配的素质要求

实现求职者与所招聘专业岗位的匹配，主要从以下方面入手。

知识匹配：许多岗位需要专业、广博、殷实的知识基础，如同进行机械设计工作必须拥有数学知识一样。

技能匹配：它是肢体动作与知识的结合体，不但要求掌握相关专业知识，还要具备动手能力，能熟练地进行设备、装配操作。

经验匹配：有些知识属于缄默知识，即很难用语言表达进行传授，只能通过学习和自己体悟才能掌握，如游泳、骑自行车、体操的动作等，它需要在实践中摸索，才能将理论转换成行为动作。

智能匹配：智能是指人的智力水平，虽然说世间一般人的智力水平相差不大，但正是这些细小的差距决定了一个人的创造力和价值，智力一般的人不可能适应高智力需求的岗位。

态度匹配：以什么样的心理来对待工作、认知工作，这就是工作态度。专业性强的岗位，对人对工作的认识有着更高的要求，如干一行爱一行的品行、钻研特质、精益求精心理等，都是专业技能岗位所需要的态度。

还有一些与岗位匹配的素质要求，我们在其他章节还要进行详尽的讨论。

四、甄别专业技能水平的技巧

看到这个标题，可能有的人会想面试官是不是想取代专业人员进行业务性面试。错了，聪明人不做外行考查内行的事。但是，人力资源面试官专业技能的能力水平面试可以不做，必须学会面试专业技能水平的“道”。当然，如果有可能，也应学会初始的对专业技能水平面试的方法。

1. 对“道”的感悟

“三句话不离本行”，它带给我们这样的启示：对某一专业技能精通的人，无论在面试时，是否提问或者谈到专业问题，都会有用专业语言或与专业语言相关的语言进行表述的倾向。如此，面试官只需要掌握一些基本的、拟招聘岗位专业技能的通用词汇，即可识别求职者使用语言的特点，进而推测其专业程度了。当然仅此是不行的。再看另一个特征，当你谈到其专业技能时，如果其对专业技能很熟练，或者理解深刻，即会表现出异常的兴奋；当你允许其谈专业时，其会侃侃而谈、滔滔不绝，甚至手舞足蹈。总之，专业精通者会通过各种表现让你产生他很专业的感觉。

专业精通者与外行的你谈论专业时，很注意你的感觉。当你表现出难以理解时，他会用深入浅出的语言向你做解释与说明，而且极有耐心（一些不善于表达的人则会有很无奈的表情，甚至会着急）；但不太精通专业的求职者则会使用更为深奥的词语，以显示其专业。

专业精通者对与专业有关的行业信息很关注。面试官不妨在面试之前做做功课，了解并记录一些与招聘岗位专业相关的行业信息（当然要典型一些），对求职者进行测试。如招聘购物中心的收银管理人员，我们可以提问：“马云也进入了零售业，最近网上传出其做的一个超市，你听说了吗?”如果其对收银专业很精通，则会知道马云在做无人超市，而且应该知道得较为详细。

2. 问出真谛

以请教者的身份，通过非专业的问题判断出应聘者的专业能力，是面试官常用的手法。如让求职者用10分钟的时间，对其所从事的专业做一下介绍，需要讲清专业的核心内容，如果其在10分钟内不能让你明白，则此人的专业水平不会太强。其实，对专业人员进行专业技能测试并非我们想象得那么难，几年来我一直使用“问”的方法，效果明显。

明知故问：“最擅长做什么?”对此问题，如果求职者专业技能精通，会很准确地概括描述自己的专业优势，反之，其会说出与专业技能不相关的擅长或爱好。

专业历程：“请介绍一下你的专业成长情况。”一方面，可以了解求职者的专业工作路径，分析其是否合乎规律和常理，从而判断专业水平情况；另一方面，分析其职业倾向性，是否对其所从事的专业专注。

征求帮助：“请你说一说提高该岗位专业技能水平的方法。”专业技能强的人会知道用什么办法告诉你这个不专业的人，通俗的提升办法。当然，要注意看其是不是说的都是大家都知道的方法，独到的、能让你感觉有效的可信度才会高。

问价估才："请问你的薪酬期望。"专业技能水平低的人一般不会要高价，当其要了高价时，你可以很容易砍价；专业水平高的人要么要价适中，要么依自己的水平要价，砍价难度很大。

业务技能的甄别，由于其专业性很强，不支持面试官或非专业人员独立面试，必须获得专业人员的支持。

第三编

批隙导窾，珠间求珠

《庄子·养生主》中有语：吾生也有涯，而知也无涯。以有涯随无涯，殆已；已而为知者，殆而已矣！意为：人们的生命是有限的，而知识却是无限的。以有限的生命去追求无限的知识，势必体乏神伤，既然如此还在不停地追求知识，那可真是十分危险的了！接受庄子的忠告，虽然我们无法穷尽对企业（组织）中每个岗位胜任素质特征要素的甄别方法，但是，可以选择其中的关键岗位、岗位胜任素质特征中的关键要素进行重点剖析。

领导岗位是企业重中之重的岗位，甄选的人才是否适岗、胜任，不仅考验着面试官的技能水平，更关系到企业的生死存亡；情商素质的高低影响着人智力、能力的发挥，左右着人的价值提升，牵动着企业的整体效益；态度作为调动人行为能量的主要因素，把控着每个人的行为方式和能量呈现模式。

本编我们选择了：

领导岗位胜任素质特征的甄别；

态度素质特征呈现模式的探索；

情商素质特征的甄别。

对这三个重点进行探讨，期望能给大家以启迪。

把面试做到极致

第十三章　领导者的甄选

说明：我们在此讨论的领导者不是单纯的领导者，是指在组织中负有计划、组织、领导、控制责任的岗位上的工作人员，其既具有领导职能，又具有管理职能，是管理者与领导者的统称。

管理岗位是企业关键的、不可缺少的岗位，甚至可以认为此岗位人员的胜任能力素质决定着企业的生存和发展。因此，对组织中每个岗位上的领导者的甄选、任用，是老板、相关人员及企业人力资源管理者至关重要的工作，每一位面试官必须义不容辞地肩负起这份责任，为组织甄选出合格的领导者。

一、领导者素质特征的不同理解

分辨事物的优劣，首要问题是解决比对标准，甄别、选拔领导者亦是如此，即必须先确立什么样素质特征的人才能成为优秀的领导者。于是，围绕领导者素质特征标准的问题，学者、企业老板、管理者……开始了探索之旅。

最先形成的是领导特质理念，也称伟人理论。认为领导者的特性来源于生理遗传，是先天具有的，且领导者只有具备这些特性才能成为有效的领导者。20 世纪 20 年代起，多位学者提出了领导者的特质标准。比较有代表性的标准如下：

1949 年，美国行为科学家亨利（W. Henry）认为，成功的领导者应具备 12 种品质：

（1）成就需要强烈，把工作成就看成是最大的乐趣；

（2）干劲足，工作积极努力，希望承担富有挑战性的工作；

（3）用积极的态度对待上级，尊重上级，与上级关系较好；

（4）组织能力强，有较强的预测能力；

（5）决断力强；

（6）自信心强；

（7）思维敏捷，富于进取心；

（8）竭力避免失败，不断地接受新的任务，树立新的奋斗目标，驱使自己前进；

（9）讲求实际，重视现在；

（10）眼睛向上，对上级亲近而对下级较疏远；

（11）对父母没有情感上的牵扯；

（12）效力于组织，忠于职守。

1954 年，美国心理学家吉伯（C. A. Gibb）认为，天才的领导者具有 7 项典型特性特征：

（1）智力过人；

（2）英俊潇洒；

（3）能言善辩；

（4）心理健康；

（5）外向而敏感；

（6）有较强的自信心；

（7）有支配他人的倾向。

现代领导特性理论的代表人物、美国普林斯顿大学教授威廉·杰克·

鲍莫尔（William Jack Baumol）针对美国企业界的实际情况，认为优秀的企业领导者应具备10项特质：

（1）合作精神；

（2）决策能力；

（3）组织能力；

（4）精于授权；

（5）善于应变；

（6）勇于负责；

（7）勇于求新；

（8）敢担风险；

（9）尊重他人；

（10）品德超人。

美国管理学家吉赛利（Edwin E. Ghiselli）在其《管理才能探索》一书中，列举了领导者应具备的8种个性特征和5种激励特征：

8种个性特征：

（1）才智：语言与文辞方面的才能；

（2）首创精神：开拓新方向、创新的愿望；

（3）督察能力：指导别人的能力；

（4）自信心：自我评价较高；

（5）适应性：为下属所亲近；

（6）决断能力；

（7）性别（男性或女性）；

（8）成熟程度。

5种激励特征：

（1）对工作稳定的需求；

（2）对金钱奖励的需求；

（3）对指挥别人的权力需求；

（4）对自我实现的需求；

（5）对事业成就的需求。

吉赛利的研究，因其严密的科学性而受到尊重。他指出：

（1）才智和自我实现对于取得成功关系重大；

（2）指挥别人的权力的概念并不太重要；

（3）督察能力基本上是指运用管理职能来指导下级的能力；

（4）性别这一特征与管理成功与否没有多大关系。

同时他认为：督察能力、事业成就、自我实现、自信、决断能力是领导者胜任特质中最重要的 5 项素质。对工作稳定的需求、适应性、对金钱奖励的需求、成熟程度等领导者的 4 项素质特征处于中等重要程度。性别是最不重要的特质要素。日本企业界认为，有效的领导者应具备 10 项品德和 10 项能力：

10 项品德：

（1）使命感；

（2）责任感；

（3）依赖性；

（4）积极性；

（5）进取心；

（6）公平；

（7）热情；

（8）勇气；

（9）忠诚老实；

（10）忍耐性。

10 项能力：

（1）判断能力；

（2）创造能力；

（3）思维能力；

（4）规划能力；

（5）洞察能力；

（6）劝说能力；

（7）对人理解能力；

（8）解决问题能力；

（9）培养下级能力；

（10）调动积极性能力。

美国管理协会曾经对在事业上取得较突出成绩的1800名管理人员进行了追踪调查，发现成功的管理人员一般具有下列20种品质和能力：

（1）工作效率高；

（2）有主动进取精神；

（3）善于分析问题；

（4）有概括能力；

（5）有很强的判断能力；

（6）有自信心；

（7）能帮助别人提高工作效率的能力；

（8）能以自己的行为影响别人；

（9）善于用权；

（10）善于调动他人的积极性；

（11）善于利用谈心做工作；

（12）热情关心别人；

（13）能使别人积极而乐观地工作；

（14）能实行集体领导；

（15）能自我克制；

（16）能自主做出决策；

（17）能客观地听取各方面的意见；

（18）对自己有正确估价，能以他人之长补自己之短；

（19）勤俭；

（20）具有管理领域的专业技能和管理知识。

近年来，他们还研究发现，优秀领导者总是能够发现别人不能发现的问题，能够洞察别人无法感知的现象。

对于上述众多的领导特质理论，有人认可，也有研究者不买账，他们都提出了自己的理由和观点。

现代领导特质理论认为，领导者的特性和品质并非全是与生俱来的，可以在领导实践中形成、提高，也可以通过训练和培养的方式予以造就。

领导行为理论认为，领导者的民主作风与独裁作风会对追随者的个人绩效与组织绩效产生影响；领导者的行为对领导效率会产生较大影响，如领导者以身作则的示范作用等。

领导权变理论认为，企业的内外部环境和情境变量，对领导行为的效率有重要影响，对追随者的行为也会产生影响。情境变量是指追随者的性格、工作环境和外在环境、工作任务等特性。其理论强调领导者应适应追随者的变化，适应组织内外部情境的变化，在匹配与契合中提升领导的效能。

领导者影响力理论认为，领导者通过个人影响力而影响追随者与团队。其中，个人的人格魅力、行为方式、组织授予的权力都是影响力因素，它们共同作用影响着领导的效能。

还有一种观点是关系理论，它认为领导者与追随者需要建立一种和谐的人际关系，以利于双方在不同的情境下开展工作。领导者与追随者的关系，决定了其工作的态度、积极性。

……

对于领导胜任特质的理念，我们无法穷尽，所列观点也只是一些具有代表性的观点，仅供大家参考。我们的目的是找到一种共识，即有没有可以衡量领导者胜任性的素质特征，这些特征主要是什么？

二、领导胜任素质的 8 项特征

其实，领导的胜任素质是来自遗传还是后天的培养，与我们今天所要开展的甄别人的领导胜任素质工作的讨论并没有太大的关系。我们只关心领导胜任素质的个体特征，有没有一个共识的标准，哪怕是概略的标准或参考也可。有一个不可否认的事实，不管领导者特质是不是天生的，领导素质特征（指大多数人认可的个体领导素质特征，如上述我们讨论过的伟人理论、行为理论等理论观点）不明显或较弱的人，不可能成为一个优秀的领导者。所以，能胜任的领导者的素质不同于非领导者的素质特征，简单讲不是任何人都可以成为领导者，领导者有其特殊的素质特征，这应该与大家达成共识。

我们将亨利、杰克·鲍莫尔、吉赛利，日本企业界、美国管理协会等学者、机构调查研究所得出的领导者胜任素质特征，进行汇总分析，发现：

（1）激情（强烈的成就动机、进取心）；

（2）担当与挑战意识；

（3）系统与全局思维；

（4）决断与决策力；

（5）诚实；

（6）敏锐的思维与高智力；

（7）出色的表达力与沟通技能；

（8）自信；

（9）支配他人与说服力；

（10）组织与协作技能、意识；

（11）改善、创新倾向；

（12）学习力；

（13）接纳与换位思维；

（14）责任与使命意识；

（15）意志力；

（16）仁爱、感恩、民主；

（17）勤奋、勤俭；

（18）系统的管理知识、技能。

这18项个体素质特征基本能概括领导者胜任特质要素要求的主要内涵。当然，这不一定完全准确，但可以肯定具备这些素质特征的个体，相对于不具备这些个体特征的个体而言，更能胜任领导岗位的工作。

至此，我们对领导者到底应该具备什么样的素质特征，不再深入探讨了，就以汇总的这18项个体素质特征作为领导者的胜任素质标准。因为这是从众多的专家观点中汇总的，应是一种概略性的胜任标准。有了它总比没有甄别标准所挑选出的人更具有胜任岗位的可能性。

在本书，我们引入了5+X人才甄选模型，其间讨论了责任意识、规则意识、认同力、沟通力、学习力、意志力及专业技能的个性素质特征的甄别方法，所以在讨论领导者的胜任素质特征前，我们将其从这18项素质特征中去除，不再重复。如此，可以简化为：

（1）激情（强烈的成就动机、进取心）；

（2）担当与挑战意识；

（3）系统与全局思维；

（4）决断与决策力；

（5）敏锐的思维与高智力；

（6）支配他人与说服力、鼓动力；

（7）组织与协作技能、意识；

（8）改善、创新倾向。

这8项个性素质特征作为我们在5+X人才甄选模型考查素质要素的基础上，对求职者进行领导胜任素质特征甄选的重点标准进行甄别。

三、领导岗位甄选五步法（上）

甄别领导特质不仅需要从简历上分析，还要进行多次的面试，也就是我们常说的一面、二面、三面，有的需要多次面试。除此之外，还要进行试用，这是非常重要的环节。有的企业很重视招聘选拔，但进行试用时，要么降低了标准，要么没有做考查的具体安排，有时仅凭人力资源管理部门的意见就拍板定案，这是极不可取的。GE 在选拔杰克·韦尔奇的接班人时，董事会组成了专门的选拔、甄别委员会，用了十年的时间才选定了杰夫·伊梅尔特。因此，对领导岗位上的人员甄别不单是人力资源部门或面试官的事，也是领导者甚至是一把手的一项极其重要的工作。同时，要有切实可行的方法。

第一步，确定岗位对领导胜任特征的需求。

尽管我们已经有了 18 项甄别领导胜任特质的参考标准，但也不能直接拿来作为一把尺子对求职者或拟使用者进行衡量，因为这个量尺还要针对岗位这个标的物的实际情况进行微调，才能进行实际的测量。所以，我们甄别岗位候任领导者的第一步工作就是进行岗位实际需求分析。

首先，应分清领导职能与管理职能的区别。对此，我们可以从三个角度理解：领导是解决选择、决策、方向性的问题，而管理则是执行，即将决策转化成结果；领导使众人追随是通过施加影响，而管理是倚重职权赋予力量的强制；领导是解决不确定性的问题，而管理是处理确定且具体的问题。

其次，领导岗位是一个复合职能岗位，如图 13－1 所示。任何一个领导岗位都不可能仅有领导职能或仅有管理职能。要么是领导职能多一些，如高层领导岗位的领导者；要么是管理职能多一些，如基层或一线领导岗位的领导者。弄清了这两点，我们就可以进行领导岗位胜任素质需求分析了。

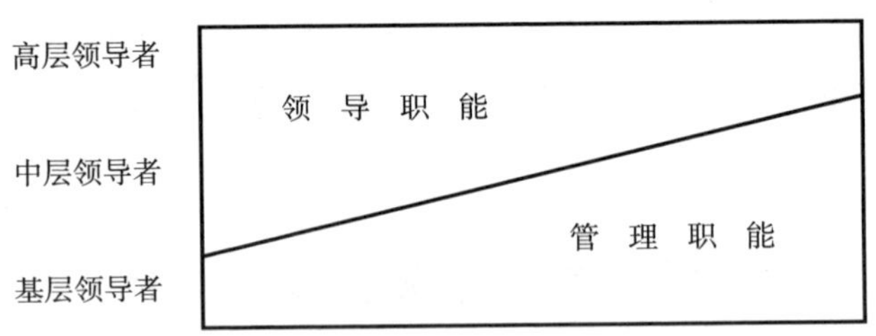

图 13－1　领导岗位是一个复合职能岗位

领导岗位胜任素质需求分析应把握三个要点：

一是岗位的胜任素质强度。

岗位的领导素质强度需求因领导级别的高低而有所区别。建筑设备公司总装车间的某个班长岗位，他的主要职责是组织成员落实上级下达的生产指令，进行生产操作，执行与管理职能占据主导地位，其所需要的决策职能（领导职能）很少，但不是没有。如谁当第一班，谁当第二班；人员有特殊情况减少时，如何安排工作等。此类岗位，领导职能的强度会小于管理职能强度。而公司的副总经理岗位，其岗位领导职能要素就会多于管理职能要素。

我们曾经进行过领导职能强度的分析，通常情况下，一线或基层岗位领导职能要素占比15%左右，管理职能要素占比85%左右；中层领导岗位的领导职能要素占比30%左右，管理职能要素占比70%左右；高于中层低于高层的领导岗位领导职能占比50%左右，管理职能占比50%左右；高层领导岗位领导职能的占比70%以上，管理职能占比30%以下。

因此，面试官应拟出招聘岗位的领导胜任素质的强度，区分清楚领导职能强度与管理职能强度，以防将高领导素质的人放到了低领导职能强度的岗位上。

二是专业技能与领导技能。

并不是所有的领导岗位都需要具备高领导（管理）素质强度的人才。如以研发、生产为主的岗位，不仅需要领导素质还需要较强的专业素质，否则无法进行有效的领导。这就是我们常讲的外行领导内行的问题。理论上讲，领导者不一定非要精通专业才能实施领导，但现实是非专业的人领导专业的人，效果会大打折扣。如果拟招聘的岗位属于专业性领导岗位，它需要专业技能与领导技能素质并重。实践中，我们可以根据岗位素质需求的实际情况，确定领导素质与专业素质的强度占比。

三是特别素质与领导素质。

不同的领导岗位有不同的特别素质需求，这种特别素质是指领导素质中的某项素质的突出程度。如高层或一把手，需要有突出的决断与决策力、敏锐的思维与高智商素质；而独立经营或经常处理不确定问题的领导岗位的领导者，则需要较强的担当与挑战意识。

确定岗位对领导胜任特征的需求要求，建议大家根据前面讨论的5+X

人才甄选模型，将素质要素进行强度分级的方法，对领导胜任素质要素的相关要素进行强度分级，以便于在甄选时进行比对。

第二步，分析简历。

掌握分析要领，我们能从简历中看到不少于70%以上想要寻求问题的答案。

有无领导经验，我们可以在其简历的直接描述中找到；其领导的素质强度，我们可以从其担任过的职务、领导过的人员数量及任职时间的描述中得到。

激情与进取心，可以从其职务变动情况中得到证实。

决断与决策力，可以研究其所描述的关键事件，或其最主要的工作业绩中发现。

担当与挑战意识、改善与创新倾向，可以综合分析其工作业绩、跳槽频度、职务变动间隔等情况中求得。

……

当然，简历分析中得到的情况都不能视为最终结果，因为有些人很善于伪造简历。简历只能是初步的认识素材，还要有面试环节、试用期间进行进一步的考查、验证。

四、领导岗位甄选五步法（下）

第三步，验证素质要素。

面试环节是对领导岗位胜任素质要素进行求证的关键环节，对此，面试官要做好充分的准备。一是准备好要求证的素质要素内容；二是准备好素质求证记录表；三是预先设计好素质求证题目。需要注意，素质求证记录很重要，因为对领导岗位求职者的面试需要做多轮面试。如果没有做好记录，每次的面试就如同无头苍蝇，没有方向，没有重点。记录可以告诉我们前面的面试解决了什么问题，后面需要求证什么。同时，在试用期间对应试者的观察，也需要将其实际表现与面试记录进行比对。

另外，简历中得到的素质特征只能作为参考，不能作为已经求证的证据。

面试求证需要非常高的技巧，因为此类应试者不同于普通的应试者，他们有很多的面试经验或者丰富的职场阅历，能够观察出面试官的心理需求。所以，面试官需要有反“侦测”能力。在使用好上述讨论的结构化面试、情景面试、压力面试、关键事件法等的基础上，大家可以试试下面的几种方法。

一是开门见山法。

真正高领导素养的人，不需要面试官使用过多的素质求证技巧，过之必反。我们需要了解什么即可以直接询问。用此方法，面试官一方面对应试者进行准确的判断，确认其是否适用于开门见山法。一般诚实、直爽的求职者用此法效率很高。另一方面对其回答能用直觉进行真实性的判断，如果感觉到其回答的问题有虚假成分，应立即终止使用此法。如应试者在回答问题时，出现延时较长、闪烁其词等情况，面试官就要改变面试策略。

二是叙述法。

叙述法是指面试官只对应试者提出要求，让其就某一方面自己的经历进行叙述。面试官的主要任务是听。

面试官：“请您就主导的工作中的改善、创新情况做一下陈述。”

叙述法是一项综合性面试测试，其题目本身即是一个求证的主题，其叙述的内容可以求证多项素质特征。前面的问题不但可以求证求职者的改善、创新态度、理念，还可以求证其改善、创新的实际行为效果。假设其在某领导岗位上有三年的经历，那么，我们可以在其叙述中发现会有较大难度的改善、创新举措；小的改善、创新频率也会很高，发现其改善与创新的成果等。

同时，其在叙述时，还会涉及语言表达能力、逻辑思维、对团队的组织协调、资源的调动使用等诸多信息。面试官只要用心倾听，即能从中求证素质要求中很多想求证的问题。

三是讨论法。

此方法适用于对求职领导岗位的求职者的面试，它不但可以使求职者得到最大限度的放松，充分展示其内心世界，还可以就某些需要求证的问题进行深入的探讨。

讨论法是集提问、辩论、体察于一体的一种面试方法。面试官可以预先设置多个题目，与应试者进行评论，通过讨论，观察应试者的领导胜任素质特征。如你认为非专业领导者能否对专业团队进行管理？你可以就此与应试者展开讨论，提出你的认识，也考查他的观点。一场面试，可以根据时间讨论多个问题。

使用讨论法时，面试官应注意加入压力因素，应掌握好时机，不能随意“抬杠”；在应试者偏离题目时，应以讨论的方式纠偏，而不是直接提示“你跑题了”；从讨论中观察应试者的论据是切身体会，是借用外部资料，还是想当然；仅限于讨论，不能论孰是孰非，不能下结论；时刻牢记面试的目的，不要忘乎所以。

验证素质要素要综合使用多种方法，只要时间允许就应切实验证。只要我们无法说服自己或可以证明其某一需要求证的素质要素已经没有问题，就应记录下来，在另一轮面试中再次求证。

第四步，背调求证。

背调求证是对求职者简历资料中相关内容的真实性、面试中发现的重要疑点问题进行的体系外求证方法。指派出专业人员，对求职者原工作单位、家庭、学校等曾经学习、工作、滞留过的场所，进行特征要素或关键事务的实地调查。面试官对谋求领导岗位的求职者，不可掉以轻心、敷衍了事，特别是对其领导胜任起关键影响的要素应得到求证。但也不要事无巨细，浪费过多的时间和精力。

第五步，试用期与试用求证。

试用期与试用求证是对求职者的再次任职素质的求证过程，它的作用远大于面试，试用结果的准确性更是高于任何的测试、面试，因此，面试官应高度重视此环节。应设计好试用方案，确保各个试用环节能对应试者进行有效观察与工作绩效的客观评价。

试用期对领导岗位的试用者有着特殊的要求。一是试用时间，应根据岗位的层级、性质，设置能考查出应试者真实水平、素质表现的时间限度，既不能违反法律，又不能侵害求职者的切身利益。时间上一般会高于普通的员工，最高时可达6个月。试用时间过长时，应与求职者达成协议，以免产生纠纷。二是确定好试用期内直接的负责人和配合人员，增强试用效果。三是设置合理的试用期薪酬，可以按法律规定设计，也可以采用期许设计，即试用期内只发试用期薪酬。如果合格可以按岗位设定或商定的录用薪酬，补发试用期内欠发的差额部分。

注意，试用期临近结束时，应及时客观地对求职者进行评价，不可拖延；要实事求是，不可感情用事，搞情感录用。

领导胜任素质要素的甄别是一个永远的探索主题，方法很多，需要结合企业的实际情况、地域特征、求职者所在地的文化、社会习俗特点、企业文化要求等情况进行甄别，没有精确，只有更精确。

再次强调：选拔、甄别领导者不同于普通人员的招聘，不能一面定音，要切实做好胜任求证工作。

第十四章　能量呈现模式：探寻思维与行为的原点

能量呈现模式是一个人投入工作或生活的思维和行为背后的信念支撑方式，通俗讲，即一个人是以多数人感觉并认可的正能量的形象存在，还是以负能量的形象存在，是人的一种心理活动定势、认识事物的方法、习惯和行为倾向。它根深蒂固于每一个人的心中，影响着其对世界的了解、认识问题的角度、解决问题的方法，是人行为的根本性影响要素。

人的能量呈现方式的不同，给他人的感觉也不相同。以积极方式呈现的人充满朝气，面对问题和困难从不畏惧，乐观而积极；以消极方式呈现的人则恰恰相反，整天愁眉不展，对一切都不满意，似乎自己所有的苦难都是别人造成的。

能量呈现方式的不同，给人的不仅仅是感觉上的不舒服，还有工作效能的影响。笔者曾对实行计件工资制的某公司中的 160 名员工进行过能量呈现方式与工作效率关系的调查。

调查的基本步骤：首先，对员工的能量呈现方式进行了测评分类（我们设计了一组能反映人行为与思维的测试题，通过回答可以初步确认人的能量呈现方式）。测试结果：其中 51 人测定为具有正能量呈现倾向，82 人为中性（不太明显的积极与消极倾向）能量呈现方式，27 人为负能量呈现倾向。而后，对这些人的生产效率进行统计分析，如果以中性能量呈现方式组员工的平均生产效率为基准，结果显示，正能量呈现倾向组的员工比负能量呈现倾向组的员工生产效率平均高 43%（统计了该公司 6 个月的生产数据）。为了提高测评的准确性，我们又先后对 3 个软件开发公司的编程人员进行了测试分析，结果正能量呈现者比负能量呈现者的工作效率平均高 30% 以上。其实，众多的管理者有着相似的感觉：正能量呈现者的工作效率要高于负能量呈现者。另外，正能量呈现者占主导的组织其活力状态也高于负能量呈现者占主导的组织。同时，员工之间的和谐状态、凝聚力，前者也明显高于后者。我们还可以列举出许多方面的影响。

基于此，在实施招聘时，HR 人员有责任甄别出求职者的能量呈现模式，并与岗位胜任素质要求相匹配，以提高工作效率，减少矛盾，增强组织活力和凝聚力。

一、能量呈现模式的形成

人的能量呈现模式不是先天固有的，其形成是一个复杂的过程，受父母、老师、朋友及家庭、社会等外界环境的影响较大，属于后天形成因素。能量呈现模式形成的初期具有很强的可塑性，一旦形成又具有相对的稳定性，如同人的性格一样，改变非常难。

1. 能量呈现模式形成的四个阶段

人从出生到 3 岁的初始期，属于吸纳与能量呈现的弱表现期。此期间，他们会观察家人对事物的反应和处理方式，欣赏、记忆、模仿，进行尝试性呈现。如有的孩子在想要什么东西或需要人的关爱时，会大哭大闹，直到达到目的；有的孩子则会以注视（目的物）、微笑、手脚并动，蹬、抓、拉、踹等方式传递欲望需求信息，此时的能量呈现会显出端倪。能量呈现方式的初始期，家人对其形成影响最大。虽然他们不能充分表达，但在思维和行为上会通过学习或模仿大人，形成一定的能量呈现方法。所以，家长要明白，你需要你的孩子成人后以什么样的能量呈现方式出现社会中，就应该用自己的行动为孩子做出榜样。

4～13岁是能量呈现模式的高速形成期，孩子的思维能力不断加强，语言表达能力迅速提升，有了一定的对事物的分析判断能力。此时期，他们不再仅仅是简单的模仿，有了自己对行为实施效果的分析能力。当某种思维和行为方式得到期望的效果后，他们就会固化于心，形成一种能量呈现模式。反之，则会重新试验新的能量呈现模式，直至形成自己认可的模式。但是，其能量呈现模式有着极强的不稳定性，是家长、老师、亲朋施加影响的最佳时期。

14～18岁是能量呈现模式的验证固化期，这一年龄段的人能量呈现模式还有一定的可塑性，仍然在形成过程中，但大多数人在进行自我验证与固化，改变的空间越来越小。此时，人的能量呈现模式已经基本形成，改变起来有很大难度，但并不是完全不能改变，遇到强刺激时，仍然会改变。如一句抱怨的话，招来领导的严厉斥责，并使自己颜面尽失，且这种类似的事情接二连三地发生，或者他人的类似情况让其亲历时，能量呈现方式就会有所改变，或者进入等待改变区域。当再次受到刺激时，则会进行改变的尝试，如此反复，最后实现改变。

19岁以后，人们进入能量呈现模式的弱改进期。19～48岁改变较慢；但49岁以上会有很大的改变，这是一个特殊现象。这种改变是渐进的、缓慢的。有些模式表面看是改变了，但只是临时隐藏起来，一旦其认为的正面刺激出现，就会原形毕露。

由于每个人所处的环境、先天性特质的不同，其能量呈现模式形成的方式也有一定的差别。上述划分，也仅仅是对大多数情况和时间进程而言。

2. 能量呈现模式的一般形成原理

能量呈现模式的形成与习惯的形成原理非常相似。通常遵循这样的过程：初次刺激，使大脑产生印记。注意，此时人只是产生印记，没有思维与行为的倾向性，这里所指的刺激和后刺激均指同样或类似的刺激情景；再次刺激，人会与上次的刺激和观察到的刺激进行比较分析，产生初步的倾向性；验证，当类似刺激再现时，人会以自己形成的倾向性方式进行验证，得出结果，是自己期望的结果时，便对此能量呈现模式进行初步固化，反之，则另寻其他思维或行为方式；再次验证；固化形成；修正；再次固化。这便是个体能量呈现模式的基本形成路径，如图 14 –1 所示。

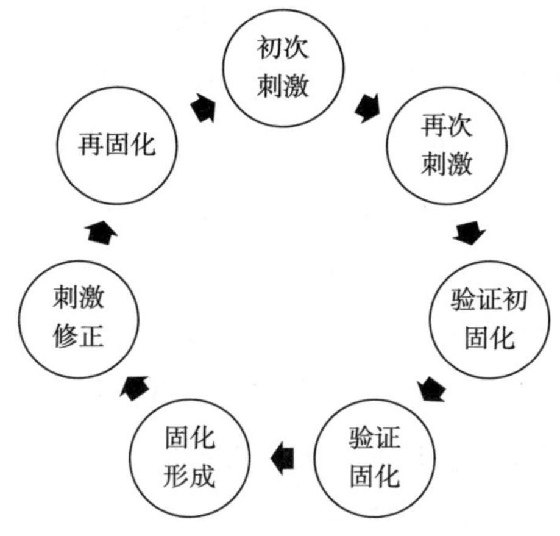

图 14 –1　个体能量呈现模式的基本形成路径

从人的能量呈现模式形成的过程和原理中，我们不难发现其形成的复杂性和艰难性，由此也预示了其改变的艰难。我们应有一个清醒的认知，即不能奢望在短时间内改变某个人的能量呈现方式，所以，组织如果寄托于先招进再改造的观念和做法，将产生巨大的人力资源成本投入，且收效甚微，得不偿失。

对于人的能量的呈现模式，我们应有这样的认识：成年人也不会有完整的呈现模式，它在不断地丰富和发展中；不同的环境造就不同人的能量呈现模式；能量呈现模式不是一成不变的。同时，我们也必须承认：每个人都具有独特的能量呈现模式；能量呈现模式是态度的外在行为反映；呈现模式影响着人的工作效率和生活质量；呈现模式具有相对稳定性。

二、能量呈现模式的不同形态

人们常常评价某人很阳光、某人很消沉、某人很乐观、某人难以捉摸，其实这些是能量呈现模式的概括体现。首先，我们要认清人的能量呈现模式不是心智模式。心智模式（Mental Model）是苏格兰心理学家肯尼思·克雷克（Kenneth Craik）在1943年首次提出的。美国麻省理工史隆管理学院彼得·圣吉教授认为心智模式是：根深蒂固存在于人们心中，影响人们如何理解这个世界（包括自己、他人、组织和整个世界），以及如何采取行动的诸多假设、成见、逻辑、规则，甚至图像、印象等。通俗理解，心智模式就是人观察事物的角度，评价事物的标准，思考与处理事物的方式。能量呈现模式是人对事物的态度所表现出来的行为状态，是他人能够感觉和观察到的状态。心智模式是人的内在心理活动，有一部分会通过行为显露出来，但更多的是他人无法直接感觉或观察的。不同能量呈现模式的人，会给人不同的形象或感觉。

1. 阳光型

此类型的人乐观向上，不会因困难或挫折而显露出情绪低落、沮丧、消沉，他们调整自我情绪的速度很快，总能在不利的事物中找到有利或积极的要素。面对困难或问题，行动前及过程中，他们坚信有很多解决办法；他们总是倾向于找方法，而不是追究责任。在他们身上，人们更多地感受到的是激情和活力。

2. 抱怨型

他们似乎对什么人、什么事情都不满意，与其讨论问题时，听到最多的词是“谁谁应该如何”“这个事情要是怎么做就不是这样了”“早知这样何必当初呢”等。在他们看来一切的过错或问题都是别人造成的。他们会将抱怨带到任何一个角落，哪怕是家中、与此事毫不相干的朋友。

3. 消沉型

与其接触或对其观察，我们很难看到他们阳光的一面，他们感到生活很无奈，一切都处在低谷中，希望渺茫，所有的人、所有的事都不尽如人意，他们不相信自己有能力改变这些糟糕的状态，对别人进行改变的努力也不抱希望。

4. 和泥型

在这种人身上我们有时会看到阳光的一面，有时会看到无所谓的一面，他们并不呈现出过多的消沉，他们最大的特点是见风使舵，但这不能证明他们没有主见。他们自己独立工作时，状态会很好。但当其与众人讨论问题，需要做出决策或表态时，其会认真分析在场人的情况，根据职务、影响度、大多数人的意见，而不是自己的主见做出表态。态度分明、刚正不阿、坚持原则等词，你很难为其使用。他们只有感觉到自己的行为不对别人构成威胁时或让别人感觉到舒适时，才会表现。但在完全自我的环境状态下，则与正常人没有差异，心中有什么则会表现出什么。有时，感觉他们什么道理都明白。

5. 沉稳型

他们有自己的处事原则；给人的感觉是事事都进行了深思熟虑式的斟酌。对待事或问题他们不会轻易表态，不管别人的建议如何，他们都会再考虑一遍，而后，指出其中的不足或问题，并要求得到修补。

能量呈现模式的类型不是单纯性的，如同人的性格特征一样。阳光型的人当中也可能有一些沉稳型的要素或者和泥型的特征，但会以一种主要的呈现模式为主导。对此，我们应灵活判断，而不是死搬硬套。当然，这些类型也不可能完全涵盖所有人，还有诸多的类型需要我们探讨和丰富。

三、能量呈现模式对岗位的影响和甄选

我们不能笼统地给某一个能量呈现模式的人下一个影响或不影响工作效能的结论。至于哪种类型会影响工作，必须是将工作岗位胜任要求与能量呈现模式进行比对后才能确定。即便如此，也不能做出绝对性的结论。

对此，面试官要做好两方面的工作：

一方面，要对岗位胜任条件进行分析，找出岗位胜任要素与能量呈现模式的关系。一般情况下，确定招聘条件或岗位胜任素质模型时，人们并不重视或者忽视了能量呈现模式对工作效能的影响，而对业务技能、工作经验、态度等条件较为重视。所以，我们要改变这种认识和观念，把能量呈现模式这一人性特征纳入进来。如阳光型能量呈现模式的人更适合销售岗位，管理岗位则需要阳光型与沉稳型能量呈现模式等。

另一方面，掌握求职者能量呈现模式的甄别方法和技巧。要对团队进行系统分析，确定让什么能量呈现模式的人占主导地位，适度加入什么类型能量呈现模式的人等，要进行整体效能分析，据此做出恰当的类型占比匹配，以提高团队效率。

1. 甄别的技巧方法

从理念上讲，人无法隐藏自己的思维和行为模式，只要给观察者以足够的时间。但对面试官来说，给予这样的条件是不可能的，而且一般时间也只有几分钟到几十分钟，如此短暂，还要甄别其他素质特征。所以，对求职者进行能量呈现模式的甄别，需要面试官具备较丰富的心理学知识和深厚的实践功底，确保能在极短的时间内对求职者有一个初步判断。

2. 每一种能量呈现模式的人都有其行为特征

阳光型的人往往说话语速较快；面部表情乐观，即使是对面试有紧张

心态，也无法掩饰其激情的真面目，似乎他们并不害怕面试失败；对于面试官提出的问题，他们不会因为不知道或者回答不流利而影响后面的回答；他们走路相对较快；他们不会一直将目光投向你，有时会处于游离状态……

抱怨型的人面部表情常常较为沉重，喜欢皱眉，即使是有笑的表情似乎也是强挤出来的；他们的目光有些犀利，要是不能从某一点找出问题就不会罢休；走路的样子给人不稳不实的感觉；当你的问题涉及让其承担责任的内涵时，他会有推诿的意思表示；对社会现实不满……

消沉型的人表情不悦是常态，没有激情感；常用的词语“没有可能”“希望不大”“咱们没有那个实力”等；回答面试问题缺乏坚定性；理想与目标性很差……

和泥型的人永远不会与你争执不下，你对观点的坚持会让他迅速转弯，用压力面试的方法很奏效；他们表情和蔼可亲；常会从关心你或公司的角度来回答面试官的提问；当遇到情景面试题时，他们常会用“当然这不是最好的办法，一定还有更好的”语句结尾；其在回答问题时会观察你的表情……

沉稳型的人面部表情变化缓慢、语速慢，给人的感觉仿佛是思考成熟一个字才会蹦出一个字；他们不会很快回答你的问题，在你提问的语音落地后，会延迟 1.5 秒以上才会发声；说话不一定有条理，但感觉一定是在讲究条理；他不大在意你的表情，但一定专注于回答你的问题……

能量呈现模式不同的人的表象特征绝对不仅是上述列出的部分，笔者的拙见只是抛砖引玉，更真切的特征还需要大家在实践中加以丰富和充实。

注意，人的能量呈现模式，不能完全代表人的真实内心世界，它仅仅是行为上的一种表现，心口不一的人比比皆是，面试官切莫让表象蒙蔽了双眼，要用多种方式、方法对应试者进行考查和综合分析，以求得较为准确的结果。

另外，甄别求职者的能量呈现方式不是面试的根本目的，面试的根本目的是针对岗位胜任素质要求，寻找与之匹配的能量呈现方式的人，从而提高岗位工作效能。

没有哪一个公司不希望自己的员工都充满朝气蓬勃、乐观向上、积极进取、激情四射的正能量，但也不是所有的人皆具备这一特质，面试官应尽量选择正能量浓厚的人进入公司。在条件不具备时，也要吸收那些并不是公司期望状态的求职者，只要与岗位进行科学适应的匹配，同样能产生高工作效率。

第十五章　甄别求职者的情商

情商（EmotionQuo-tient）即情绪商数，简称 EQ，主要是指人在情绪、意志、耐受挫折等方面的人格素质特征，有人也将其称为情绪智力，主要是后天形成。情商于 1990 年由美国心理学家约翰·梅耶（新罕布什尔大学）和彼得·萨洛维（耶鲁大学）首先提出，当时并没有引起更多人的关注。1995 年，时任《纽约时报》记者的丹尼尔·戈尔曼出版了《情商：为什么情商比智商更重要》一书，才在全球引起热议，并激起人们的关注和研究。因此，丹尼尔·戈尔曼也被誉为“情商之父”。1997 年，《情商：为什么情商比智商更重要》一书在中国大陆翻译出版，立即形成了情商热，直到今日，经久不衰。

情商之所以走热，是人们研究发现了其对人生、组织、社会成功有重大影响。研究显示，一个人的成功，只有 20% 归诸智商，80% 则取决于情商。戈尔曼博士认为：“情商是决定人生成功与否的关键。”成功学大师卡耐基说：“一个成功的管理者，专业知识所起的作用是 15%，而交际能力却占 85%。”其中的交际能力即属于情商的范畴。无数的事实也在不断地佐证着一个观点：成功的人或者组织的管理者都具有很高的情商。

为此，许多企业在招聘时，将岗位所需求的情商素质要素作为重要的考评标准。对求职者进行情商考评要解决好两个问题：一是如何进行考评；二是哪些岗位需要进行情商考评，情商高与低的度该如何把握。

一、衡量情商的要素

既然要对求职者进行情商考评，那么，从理论上讲，面试官应该清楚情商概念及内涵，在此基础上才能对求职者进行测评。但情商之父丹尼尔·戈尔曼在《情商：为什么情商比智商更重要》一书中，并没有给出一个精确的定义，直至今天也没哪一个专家或学者给出一个让众人认同的概念或定义。这似乎有点强人所难，没有尺子如何丈量？其实，没那么悲观，戈尔曼博士对情商的论述给我们勾勒出了情商的概略模样，他将情商概括为五个要素特征：自我意识、情绪控制、自我激励、认知他人情绪和处理相互关系。

由此，我们在心理学家们研究的基础上，根据人们的普遍认知，将情商归纳为以下 12 个方面的素质特征表现。

1. 尊重素养

你喜欢什么样的人？你愿意向什么人倾吐心声？你期望的领导最重要的素质是什么？当我们对人们发起这样的问题调查时，超过 90% 的人对这三个问题发出了令人惊讶的一致回答：有尊重素养的人。这是高情商人所具备的第一个重要特征。情商高的人常常给人以尊重感，这是他们乐群性的撒手锏。简单来讲，他们会从点滴的行为中表现出对他人的尊重。如他们常常比情商低的人更愿意记住别人的名字，在需要的时候给对方以尊重感。

2. 自我认知

苏格拉底将“认识你自己”作为自己的座右铭，其内涵是想说明人最难的课题是对自己的认识。有些人对自己的性格特点有清晰的认识，特别是对自己的优势和劣势，知道避开劣势，使用优势；而有的人则不然，感觉自己什么都懂，什么都行，往往给人以不自量力或自负的感觉，说起来头头是道，做起来却败绩频出，损己误事，因而老子发出了“知人者智，知己者明。胜人者有力，胜己者强”的感慨。认识自己能使自己掌握一个思维与行为的支点，即对自己的能力不能判断过高，也不能轻易低估。判断过高易生浮躁、冒进，易在与他人合作中产生霸道、独断行为；低估自己则会前怕狼后怕虎、踌躇不前，没有承担责任的勇气和气概。高情商的人正是很恰当地掌握了这个支点，给与其合作或交往的人以踏实的感觉。

3. 换位思维

高情商的人能站在对方的角度思考问题、处理问题，不将自己的观点、意见强加于人，分析事物民主意识强，善于倾听，并吸纳有益的建议，不独断。另外，他们还将“存在即有理由”作为自己的理念，或者在内心深处认可这一观点，并贯穿于自己的思维和行为中，承认不管有什么奇思妙想，哪怕自己都感觉有点不着调，也会迅速调整自己的认识，在心中形成“提出这样的想法一定有他的道理”的信念。基于这种心智模式，使他们养成了欣赏人、赞美人、肯定人的习性。

4. 执着专注

从字面上看这似乎与情商关系不大，但其内涵确是情商的重要内容之一，执着专注的核心实质是坚强的意志力。执着专注主要的内涵有三层。第一，高情商者通常有长期目标、中期目标、短期目标，并为此而持续不懈的努力；对于每件事情都有很强的目的性，极少出现对待工作或生活信马由缰的现象，即便偶尔的随心所欲也是自己有意而为。执着专注的第二层内涵是耐受挫折的能力，人们最常使用逆境商（AQ）来表示，耐受挫折的能力是人从普通走向卓越的关键性特质要素，每一位优秀的成功人士都具备很强的耐受挫折的能力或者说AQ。第三层内涵是着眼当前和未来，这似乎与目标素养有点近似，但有着本质的区别，执着专注的人没有时间去后悔，他们会很快放下过去，因为他们知道只有这样才能更好地进步。人的专注与意志力的强弱既受先天性（即遗传）的影响，也具有很大的可塑性。

5. 没有绝对

“一切皆有可能”是高情商者一贯的信条，在他们的嘴里很难出现“这件事情没法做”“绝对”“最”等无法突破的限制性词语；他们坚信“没有过不去的火焰山”“只有不努力，没有做不到”“不是没有办法，而是没有想法”……他们拥有强大、持续的内心驱动力。他们处理问题的理念不是去想最后的结果如何，而是享受整个过程，因为他们认为快乐与幸福并不是源于成功的那一刻，而是源于向自己设置的目标前进、奋斗的整个过程。

6. 归因于内

情商高的人不会有持续性的消极情绪，当然，这也是许多人梦寐以求的心理状态，然而，也不是每个人都能持有。高情商人消除持续性消极情绪的“秘诀”之一是心中有一种理念，在指导着其思维，即“我是一切的根源”。在这一理念的影响下，他们对于失败或出现的问题寻因的第一念头是“这应是我的原因造成，我有哪些没有做好”；不是因“过”开展批评，而是就问题进行分析和讨论，且在讨论分析前首先是检讨自己的不足和过失，不批评、不指责、不抱怨、不埋怨；不斤斤计较，有一颗包容和宽容的心。但他们绝不会因“过”而折磨自己，他们只是以剖析自我、激励奋进的角度来看待和处理问题。

低情商者对外界反应过于敏感，时刻以防范的心态面对一切，总感觉他人在“算计”自己；他们经常感觉到自己处于受伤害的情境之中，将别人无意间的行为理解为对自己的有意攻击。情商低的人似乎天生有推卸责任的基因，时常发出抱怨、绝望等负面情绪。

7. 敬畏规则

英国作家莎士比亚有句名言："纪律是达到一切雄图的阶梯。"高情商者深谙此道。他们坚信孔子"其身正，不令而行；其身不正，虽令不从"的道理，无论是工作还是生活，心中时刻保持着"规则"这一不可逾越的底线，在社会上坚守法律和道德，在工作中坚守制度和流程，在是非上坚守原则和标准。

8. 谦卑进取

如果你认为情商高的人只会研究、观察、适应人，而不擅长学习，那就大错特错了。其实，情商高的人更擅长捕捉信息，不断更新知识，充实自己。他们对未来充满信心，而信心的来源则是时刻关注知识与发展趋势的变化，进而调整自己与之相适应。他们坚定地追求自己的目标，无论需要花费多长的时间都会为成功不断努力。他们愿意面对问题，并通过增长知识寻求解决问题之道。他们坚持每天进步的原则，且说到做到，甚至是变成一种内在的信仰。

9. 真诚守信

言而有信是高情商人士的显著特征。真诚是对人的基本道德要求，只有真诚才能赢得信任，在高情商者身上处处显示着这一特征。他们视信誉为生命，如果他们是领导者，他们不是站在背后发号施令，而是走在前面做出表率，给追随者以自信。如果他们没有把握做到，则不会做出允诺；一旦做出承诺，不管对自己多么不利，哪怕是付出生命也会兑现。同时，高情商的人敢做敢当，不推卸责任，遇到问题、分析问题、解决问题，敢于正视自己的优点或不足，敢于承担责任。

情商低的人常将想法与结果混为一谈，认为“好意”一定会结“好果”；他们不会承认“好心也会办坏事”，他们最常用的口头禅“我是为你好”“如果这样做一定能成功”。哪知，最糟糕的结果往往就因用梦想替代现实而造成。

10. 友善热忱

高情商的人对生活、工作会持续保持热情与激情，在别人的眼中他们似乎没有烦心事，每天都沉浸在激情四射的情感中，对于工作他们有用不完的力量。他们认为帮助别人是一种应尽的义务，不需要任何理由，乐于助人的品德内生于心。情商高的人不会不喜欢陌生人，他们不在乎陌生人的年龄、种族、宗教、性别、性取向或者政治立场，对此，在他们的信念库房中，我们都是一样的人，只要人存在于社会就不应受到歧视，就不应分门别类地对待。他们善于调动自己的积极情绪，让好的情绪伴随每一天，不会让不良情绪影响生活和工作。高情商的人讲话时很注意别人的感受，而低情商的人则缺乏自己的话语对他人影响的判断力。

11. 善于沟通

人都不会承认自己不会沟通，但又都不敢肯定自己善于沟通，相对而言，高情商的人则是沟通高手。他们善于交流，能将自己的意图较成功地传递给需要接收的人；他们善于聆听，仔细听别人说什么，能听懂别人所表达的意思，确保自己没有遗漏任何信息，而不是自己滔滔不绝，同时还能通过聆听来表达对别人的尊重。他们会在沟通中高效能地实现说服他人的目的，或者使自己的理念、观点得到对方的认同。

12. 关注他人行为

情商高的人对人类的思维和行为有特殊的兴趣和关注，他们会喜欢钻研他人行事的动机、观察别人，注意其他人的肢体语言、脸部微妙的表情，明白每个人的所思所想。他们能像读一本书一样去了解一个人，通过关注一个人的手势、表情和肢体语言来了解他人的心理。正是基于此道，他们无论是在说话还是做事，更容易使人感到舒适。因此，常常会有人说“你的话说到我心里了”“事做到家了”“真是心有灵犀一点通”等。高情商的人非常善于使用赞美和肯定两个工具，因此，他们有很广的人脉，朋友众多。

高情商的人所具备的心理特质不仅仅是上述方面，作为一名面试官，应加强观察和研究，掌握更多的特征，它是我们测评人情商高低的标准或尺度。只有掌握情商的这些表现特征，才能在面试中有的放矢，了解应试者的心理。

二、如何考查求职者的情商

当我们对情商的行为表现特征有了一定的了解后，考查求职者的情商特征也就有章可循了。

1. 观察法

观察法是对情商进行考查的最基本的方法，它是通过对应试者气质、语言、肢体动作等表现，判断其是否透露出能量气质、自信、稳定的情绪状态等，是面试官产生的一种心理感应，虽然很难确切、具体描述，但简便易行。

观察法对面试官的技能要求较高，它是观察与推理相结合的产物。观察的重点：

（1）情绪稳定状态。高情商者有很高的情感适应性，他们不会因进入一个生疏的场所，见到陌生的人，或者是对自己利益有影响的事物的出现，而产生紧张的情绪。所以，我们会观察到应试者表情比较自然、没有什么不适应感，表现落落大方。当然，这种情绪状态与对什么都无所谓的大大咧咧有着本质的区别。因此，面试官应清晰区分这两种截然不同的状态。

（2）语言表达。语言的通畅程度、语速、表达意思的层次性与逻辑性等，是体现一个人情商水平的重要要素。无论我们是使用结构化面试还是情景面试，或者是关键事件法面试，在得到我们需要考查的应试者的岗位胜任素质特征的同时，都可以观察到应试者的语言表达状态，通过对这种状态的分析，判断其情商水平的高低。如高情商者说话时语速平稳、不急不躁，其语速是根据要表达意思的需要而确定；在出现表达失误时，不会过度紧张，会镇静地自我纠正；表达层次分明、逻辑清晰、意思完整。

（3）肢体动作。肢体动作是人的潜在语言，情绪不稳定的人经常会刻意掩饰自己，有时仅从语言表达方面不太容易观察，但是从其很难掩饰的肢体动作进行观察，则会很容易获得结果。如紧张时身体会不经意地扭动；手脚也会有与表达意思完全不同的动作；眼睛慌乱性游离等。但是，面试官也应注意判断应试者的动作是习惯性动作还是无意识的潜在反应。如有的人就有抖动脚或腿的习惯，我们不能据此来说应试者有什么心理。

（4）倾听特征。高情商者非常善于倾听，不会贸然打断你说话，更不会控制不住自己而插话。要么他们会在你想要他说时开口，要么会在你明示时回答，要么会选择机会并征得你同意的情况下表达。对于他没有听明白的地方，不会边猜测边回答，而是问清你的意思，再做回答。总之，他们是一个高效能的倾听者。

理论上讲，人的心理情绪都能通过对其肢体动作、面部表情、眼神等行为观察得到，只是我们还没有完全掌握其心理思维特征与行为表现的关系，面试官应在实践中多观察、体验、求证，以提高我们通过观察人的肢体语言评判人心理状态的能力。

2. 压力测试法

对此，我们在不同的章节做过一些讨论，在此不详述了。它是测试应试者情商水平的直接方法，测试的信度很高。使用压力测试法对应试者进行情商测试的关键点，是面试官能很好地设计面试提问的问题及跟进提问。压力测试法的使用技巧性很强，面试官要提前准备好问题。同时，要锻炼自己灵活应对的技能，要牢记压力测试的目的：看应试者能否控制住自己的情绪，而不是争论谁有理无理。

3. 情商测试

情商测试是国内外较为流行的考查应试者情商的方法，很多测试题在互联网上能找到，丹尼尔·戈尔曼在《情商》一书中呈献了一套情商测试题，可以用自测的方式测试自己的情商。

情商测试题

测试卷共有10个问题，满分为200分，测试者的平均得分为100分。最后有评分及解析，你的得分可以显示你的情商水平。

准备好纸和笔，开始吧！

（1）坐飞机时，突然受到很大的震动，您开始随着机身左右摇摆。这时候，您会怎样做呢？

A. 继续读书或看杂志，或继续看电影，不太注意正在发生的骚乱。

B. 注意事态的变化，仔细听播音员的播音，并翻看紧急情况以防万一。

C. A和B都有一点。

D. 不能确定——根本没注意到。

（2）带一群4岁的孩子去公园玩，其中一个孩子由于别人都不和他玩而大哭起来。这个时候，您该怎么办呢？

A. 置身事外——让孩子们自己处理。

B. 和这个孩子交谈，并帮助他想办法。

C. 轻轻地告诉他不要哭。

D. 想办法转移这个孩子的注意力。

(3) 假设您是一个大学生，想在某门课程上得优秀，但是在期中考试时却只得了及格。这时候，您该怎么办呢?

A. 制订一个详细的学习计划，按计划执行。

B. 决心以后好好学。

C. 告诉自己在这门课上考不好没什么大不了的，把精力集中在其他可能考得好的课程上。

D. 拜访任课教授，求他给高一点的分数。

(4) 假设您是一个保险推销员，去访问一些有希望成为您的顾客的人。可是一连 15 个人都只是对您敷衍，并不明确表态。您会怎么做呢?

A. 认为这只不过是一天的遭遇而已，希望明天会有好运气。

B. 考虑一下自己是否适合做推销员。

C. 在下一次拜访时再努力，保持勤勤恳恳的工作状态。

D. 考虑去争取其他顾客。

(5) 您是一个外企的项目经理，公司明文规定禁止在办公室里吸烟。一天上午，您偶然看到一个同事正在座位上吞咽吐雾，您会怎么办?

A. 不理他——这只是偶尔一次而已。

B. 把吸烟的人叫到办公室，严厉地斥责他。

C. 当场告诉他，这么做已经违反了规定，要接受处罚。

D. 私下找吸烟的人谈，说这次就算了，以后注意。

(6) 您的朋友开车时别人的车突然抢到你们前面，您的朋友勃然大怒，而您试图让他平静下来。您会怎么做呢?

A. 告诉他忘掉它，现在没事了，这不是什么大不了的事。

B. 放一盘他喜欢的 CD，转移他的注意力。

C. 一起责骂那个司机。

D. 告诉他你也曾有同样的经历，当时您也一样气得发疯，可是后来您看到那个司机出了车祸，被送到医院急救室。

(7) 您和伴侣发生了争论，两人激烈地争吵。盛怒之下，互相进行人身攻击，虽然你们并不是真的想这样做。这时候怎么办呢?

A. 停止20分钟，然后继续争论。

B. 停止争吵，保持沉默，不管对方说什么。

C. 向对方说抱歉，并要求对方也道歉。

D. 先停一会儿，整理一下自己的想法，然后尽可能清楚地阐明自己的立场。

(8) 您被分到一个单位当领导，想提出一些解决工作中麻烦问题的好方法。这时候，您要做的第一件事是什么呢？

A. 起草一个议事日程，以便充分利用和大家在一起讨论的时间。

B. 给人们一定的时间相互了解。

C. 让每一个人说出如何解决问题的想法。

D. 采用一种创造性地发表意见的形式，鼓励每个人说出此时进入他脑海的任何想法，不管该想法多么疯狂。

(9) 您3岁的儿子非常胆小，实际上，从他出生起就对陌生地方和陌生人有些神经过敏或者说有些恐惧。您该怎么办呢？

A. 接受他具有害羞气质的事实，想办法让他避开令他感到不安的环境。

B. 带他去看儿童精神科医生，寻求帮助。

C. 有目的地让他一下子接触许多人，带他到各种陌生的地方，克服他的恐惧心理。

D. 设计渐进的系列挑战性计划，每一个相对来说都是容易对付的，从而让他渐渐懂得自己能够应付陌生的人和陌生的地方。

(10) 多年以来，您一直想重学一种您在儿时学过的乐器，而现在只是为了娱乐，您又开始学了。您想最有效地利用时间，该怎么做呢？

A. 每天坚持严格的练习。

B. 选择能稍微引起兴趣的曲子去练习。

C. 只有当自己有情绪的时候才去练习。

D. 选择远远超出您的能力但通过勤奋的努力能掌握的乐曲练习。

答案得分及解析：

（1）选择答案D，反映了您在面临压力时经常缺少警觉性。A＝20，B＝20，C＝20，D＝0。

（2）B是最好的选择。情商高的父母善于利用孩子情绪状态不好的时机对孩子进行情绪教育，帮助孩子明白是什么使他们感到不安，他们正在感受的情绪状态是什么样的，以及他们能做出的选择。A＝0，B＝20，C＝0，D＝0。

（3）A. 自我激励的一个标志是能制订一个克服障碍和挫折的计划，并严格执行它。A＝20，B＝0，C＝0，D＝0。

（4）C为最佳答案。情商高的一个标志是面对挫折时，能把它看成一种可以从中学到东西的挑战，坚持下去，尝试新的方法，而不是怨天尤人，变得萎靡不振。A＝0，B＝0，C＝20，D＝0。

（5）C. 形成一种令行禁止的氛围的最有效的方法是公开挑明这一点。当有人违反时，明确告诉他：您的组织的规范不容许这种情况发生。不是力图改变这种偏见（这是一个更困难的任务），而是让人们遵照规范去行事。A＝0，B＝0，C＝20，D＝0。

（6）D. 有资料表明，当一个人处于愤怒状态时，使他平静下来的最有效的办法是转移他愤怒的焦点，理解并认可他的感受，用一种不激怒的焦点，理解并认可他的感受，用一种不激怒他的方式让他看清现状，并给他希望。A＝0，B＝5，C＝5，D＝20。

（7）A. 中断20分钟或更长的时间，这是使愤怒引起的生理状态平息下来的最短时间。否则，这种状态会歪曲您的理解力，使您更可能出口伤人。平复了情绪后，你们的讨论才会更有成效。A＝20，B＝0，C＝0，D＝0。

（8）B. 当一个组织的成员之间关系融洽、亲善，每一个人都感到心情舒畅时，组织的工作效率才会高。在这种情况下，人们才能自由地做出他们最大的贡献。A＝0，B＝20，C＝0，D＝0。

（9）D. 生来带有害羞气质的孩子，如果他们的父母能安排一系列渐进的针对他们害羞的挑战，并且这种挑战是能逐个应付得了的，那么他们通常会变得开朗外向。A =0，B =5，C =0，D =20。

（10）B. 给自己适度的挑战，最有可能激发自己最大的热情。这既能使您学得愉快，又能使您完成得最好。A =0，B =20，C =0，D =0。

根据上面每道题的评分标准得出你的总分，然后看你是高于 100 分还是低于 100 分，认定你的情商水平属于哪一个层级。每道题都做了解释，说明了情商的强弱点及存在问题，可以作为参考。

选择测试法进行情商测试，不要随意在网上找一套题即用，它不一定准确。因为很多测试题是国外学者开发的，地域不同，对情商的评判标准也不相同。选择测试题后应进行一定量的测试，以判断其准确程度，进而确定是否适合使用。面试官也可以自己设计测试题，当然，前提是你有这个能力。

三、考评情商的误区

面试官能否正确甄别应试者的情商，前提不仅是对情商有正确的理解，而且是不能存在认知上的误区。

误区之一：高情商的人善于揣摩人心，做别人喜欢的事，说别人爱听的话。其实，这种人只是见风使舵、别人喜欢什么就无原则地说什么的阿谀奉承、溜须拍马的势利小人。此类人没有原则，缺乏正能量，对事物的唯一评判标准是别人是否喜欢，他们绝对不能与高情商同类而语。情商是人的高级智能。

误区之二：高情商的人会将不良的情感、理念深藏于内，不会喜怒于色。其实，高情商的人是善于表达自己，而不是违心迎合，他们非常善于把控自己的情绪。恰恰是低情商的人才会隐藏、粉饰自己。

误区之三：高情商的人有超强的忍耐力，不管受了什么样的委屈，都不会表现出来。其实，这仅是一类能忍气吞声的人，并不是真正的高情商者。高情商者不是“忍”，而是会使用恰当的方式，在恰当的时间，选择恰当的场合，以恰当的度进行表达。忍气吞声绝对不是高情商者的性格特征。

误区之四：高情商的人能“将死人说活”，巧舌如簧，有极强的辩论能力。其实，真正高情商者是以理服人、据理力争，而不是以虚假或捏造的“理”来使他人低头。

误区之五：高情商的人灵活，能随机应变。真正的高情商不是简单的随机应变，而是在不违背原则的基础上灵活地处理问题。

面试官考评应试者的情商能力来自两个渠道：一是学习，通过吸取他人情商测试的成功经验，提升自我技能；二是实践，在掌握情商知识的基础上，观察探索高情商者的素质特征，总结出自己独特的测试方法。

四、情商水平等级与岗位需求

我们无法找到有力的理由，否定情商对人生的重要作用，但是也不能绝对承认它对每个人的成功都至关重要。很多科学泰斗、艺术大家也不都是（我们所讨论的）情商很高的人，如画家梵高、爱因斯坦等。成功与否，重点是我们用什么样的标准来衡量，而不是仅仅以赢得了多少财富、担任多大的官职为评价标准。严格地讲，成功没有统一的标准。之所以要面试官具备甄别求职者的情商水平，是因为企业的许多岗位胜任素质标准的要求，低情商的人无法完成组织交与的任务，而有些岗位并不需要过高的情商。

1. 情商水平等级

做好求职者的情商甄别工作，应先解决两个问题：对求职者的情商水平划分出等级，对岗位胜任素质中的情商要求进行等级区分，这两个划分情商水平等级的尺子必须一致。根据学者们的研究成果和我们的工作实践，我们将人的情商水平或岗位需求情商水平，从低至高划分为六个等级。

一级（最低层级情商）具体表现：仅能完成基本的沟通交流，不会主动与他人沟通、交流，没有挚爱朋友，给人以固执、自我的感觉；对问题的理解力较差，达成共识有很大难度，多以自己喜好的行为方式做事，不顾及他人感受；与其相处很难有被尊重的感觉；情绪不能自控，想到什么就是什么，以自己的感受为中心，我们称其为“无语的孤独者”。

二级具体表现：不会根据情况变换处理问题的方式，表现为直来直去、理解力不高，经过努力能够理解表层的意图；不会主动管理自己的情绪，暴脾气，直肠子；对待他人基本是以自我的感觉行动，不太顾及他人的感受；人际关系一般；没有人生规划，只有短暂的目标或想法。

三级具体表现：对自我的情感有一定的控制能力，在情绪稳定时能与他人顺利交流和沟通，多数情况下是以自我的认知理念来处理和思考问题，偶尔也有站在对方立场思考问题的情况；有爱心，能帮助他人，不会主动担承责任，对于自己感觉不公平的事情会有怨言；有一定的理解力，为了表现所谓的“自律”会在他人面前粉饰、遮掩自己的缺点。

四级具体表现：有一定的自我激励能力，但不稳定；能与他人友善相处，有一定的辩证分析问题的能力；抗压和应对挫折的能力较好，一般不会在困难面前低头；有较好的情绪控制能力；一般情况下，有换位思考的意识，处理问题时不易被对方反感；有事业目标，专注力和勤奋精神较好。

五级具体表现：思维清晰、敏捷，有较强的互换思维理念；勇于挑战困难，能适应逆境；意志坚定，目标专一，原则性强；自我控制情绪能力较强，极少因一时的冲动而做出傻事；能在短时间内走出情绪的低谷，不会因情绪而影响工作或与他人的友谊；能够从细微的信息觉察到他人的需求；懂得如何克服不良情绪，进行自我安慰，摆脱焦虑、灰暗或不安等情绪的影响。

六级具体表现：有极强的自我情绪控制能力，在任何情况下都会保持头脑清醒，能很好地掌控自己的情绪，能在极短的时间内将不良情绪转换为有益行为；待人真诚，能站在对方的角度思考和处理问题，能以对方感受舒适的方式处理问题，有爱心，乐于助人，深谙“严于律己，宽以待人”的处事之道；清楚自己的优势与劣势，并能适时发挥自己的特长；能自我激励，保持高昂的情绪状态；善于说服他人，有很强的逻辑推理能力；有坚强的意志力，对逆境有极高的适应性；专注而有信仰或目标；对他人的情感心理有较准确的理解，能感知他人的情感与心理需求，并对应实施行动；有良好的人际处理能力，有很强的管理他人情绪的能力和影响他人品质；倾听与沟通的能力、处理冲突的能力、建立关系的能力、合作与协调的能力、说服与影响的能力很强。

从单纯情商的角度，对人的情商水平划分等级没有任何实质意义，我们不能简单地说情商水平一级的人就不行，也不能说情商水平六级的人就行。假如让一个情商高的人和情商低的人各自做独立的科研项目，谁也不敢肯定哪一位首先成功。将具备某一优势的人放在需要这一优势的岗位上，才能使其优势得以发挥，产生效能。可以肯定，我们将情商高的人放到管理岗位，就比让一个情商低的人在此岗位上产生的效果好。因此，对人的情商划分等级的目的是为了便于量才适用。

2. 岗位情商需求

不同的岗位对情商水平的需求也不同，面试官不但要甄别出求职者的情商水平，更重要的是在面试前应了解所招聘的岗位需要什么情商水平的求职者。相对而言，需求情商高的岗位要多于情商低的岗位，这是由情商的特性决定的。假设一个岗位的核心胜任素质要求是超强的编程技能，此时站在我们面前有两位求职者，他们都具备超强的编程技能，且难分伯仲，但情商差别很大，你会选择哪一个人呢？我想大多数面试官会选择情商高的那位，因为此人有更优的管理便捷性。但是，招聘中我们大多时候不能事事如愿，这就需要我们对每个岗位设定一个情商水平素质需求的底线，基于此，面试官在进行岗位素质需求分析时，就应判断出、明确招聘岗位的情商水平需求，从而进行恰当的匹配。

由于企业岗位很多，对情商水平的需求也参差不齐，有时，尽管岗位名称相同，但在不同的企业对情商水平的要求也会不同。所以，面试官应根据自己所在企业的实际情况，灵活把握。

3. 低情商水平岗位的基本特征

比对高情商具有的乐群性、灵变性、抗挫性等特征，有些岗位对员工胜任素质中的情商水平要求不高。如大量岗位工作是重复性操作、独立实施、可变要素极少的任务，像生产线上普通的操作人员、财务数据录入人员、设备值守人员等。在公司中，我们还会找出很多对情商水平要求不高的岗位，这些岗位的主要特点是与他人的协作性不强、沟通水平要求不高、基本不涉及应变类任务。

4. 中情商水平岗位的基本特征

岗位对情商水平的要求类似于纺锤，低情商岗位与高情商岗位需求量较小，而需要具备中情商水平才能胜任的岗位需求的数量相对较多。它可以包括大多数层级的管理人员、市场营销人员、推广人员、办公室人员，以及团队合作程度高的人员、担负协调任务的人员、对外联络人员等。总之，凡是与他人接触频繁、需要沟通技能、施加影响力的岗位都需要中等以上情商水平的人员。

5. 高情商水平岗位的基本特征

此类岗位相对需求人员量比较少，但对情商水平甄别的要求也特别高。如高级管理人员、市场营销人员、外交人员、商务谈判人员、人力资源管理人员、行政管理人员等，都需要较高的情商水平才能胜任。

对于岗位情商水平需求，应坚持够用且有适当余量的原则。如果有可能，尽量在满足其他条件的同时，选择更高情商水平的求职者，因为我们要考虑岗位的发展，考虑员工个人的成长进步，高情商的员工具有更大的可塑性。当然，前提是有足够量的应试者能供我们选择，有企业人力成本支付能力的支持。

后记

大数据——玻璃人的时代

有段时间，我发现了一个现象，当我打开电脑或手机浏览器时，某款汽车的相关信息特别多。我顿生疑惑，难道这款在国内销量不高的汽车现在受欢迎了？也没有呀？怎么回事？后来才明白，原来是大数据的杰作。当你经常在网页浏览或利用搜索引擎搜索某些内容时，这些“人”便记录了你的“行踪”并进行分析，预测出你可能的需求。当你再次打开浏览器时，便会挑选一些你可能需要的内容推送给你，于是就出现了开头的一幕（因为有段时间我想买这款车，所以经常上网了解）。当我明白了这个道理时，才从关注大数据的现象、概念转移到关注实际的应用上。

手机制造公司的一名数据中心负责人说：“凡是使用本公司手机的人，他所在的地理位置、个性特点、口味、穿衣习惯、爱好、有何特长……甚至你的潜在优势等，我们都能知道。当然，公司会保守秘密。”可怕，让人毛骨悚然的大数据，竟然使人的一切暴露在阳光下，成为一个“玻璃人”。

大数据有四个显著特点：规模化（Volume），数据规模特别巨大；多样化（Variety），数据类型繁多；快速化（Variety），数据即时反馈、即时分析、即时处理；精确性（Veracity），具有高精确的原始数据及数据分析结果。正是基于这些特性，大数据向传统的人力资源管理提出了挑战。

1. 大数据——多角度的素质识别与岗位匹配

当我们还埋头于从简历“淘敛”、职业倾向测试、个性特征测试、技能考评、面试等方式，求证求职者的素质真谛时，以大数据为基础的人才综合甄别技术已在悄然地影响着招聘。商业智能工具帮助人力资源管理从凭借经验的模式逐步向依靠事实数据的模式转型；人力测评由基于人主观性的测评转向构建数学模型，依靠大数据处理技术进行测评；企业招聘过程也正朝着越来越依靠社交网络和大数据技术的方向发展。Google 这个颇受求职者青睐的世界级 IT 公司，每月都会收到超过 10 万份的简历，面对如此庞大的筛选工作量，用传统的方法成本巨大，借助大数据技术问题迎刃而解。他们设计了一份 300 道问题的问卷，并根据问卷建立了一套数学模型，求职者在向其投送前必须回答这些问题，才能实现“网申”。只要求职者如实的回答上述问题，Google 的这套系统就会自动统计、识别出求职者的素质特征，并与拟招聘岗位胜任要素进行匹配，将相符的人推举出来，婉拒“不合格者”。

一些专业的人力资源公司，借助社交、购物、求职招聘网站，对个人的素质特征进行统计分析；对行业、地区薪酬情况进行分析，形成人力资源管理解决方案或行业宏观分析报告，售卖给企业、猎头、媒体、政府部门等，大大节省了相关单位的招聘甄别成本。

大数据可以有效地解决企业招聘过程中信息查询、统计和筛选的效率问题，提高招聘的准确度、成功率。没有人不明白，从一万份简历中选择一个人和从一百份简历中进行选择，所产生的截然不同的效果。

人与岗位匹配中核心的两个问题：个性素质能力的认定和岗位胜任素质（我们称其为“岗位性格”）的认定。由于大数据技术的介入，为我们接近这一“理想”提供了更为科学的解决方案。传统的人与岗位匹配工作，通常只能对人的几个，最多几十个素质特征与岗位胜任素质进行比对，应用大数据技术则可以从候选人的简历、工作业绩记录、在社交网络上留下的数据（互联网时代，只要常上网就会在互联网上留下私人信息。如发的微博、写的博文、各种社交网站的留言，可以从侧面客观地反映出其世界观、价值观、人生观、兴趣爱好及性格等），然后用大数据技术进行分析，通过考查数千个数据点，对候选人和空缺职位的匹配度评分，快捷地计算出每一个候选人的素质与所申请岗位素质的相似程度，供我们进行选择，让最恰当的人走上岗位。

2. 大数据——人力资源管理质的飞跃

21 世纪是知识经济、网络经济的时代，以土地、资本为资源霸主的时代已经渐行渐远，取而代之的是知识、信息、技能承载者的人力资源。据世界银行统计，当前世界财富的 64% 是由人力资本构成的；诺贝尔经济学奖获得者贝克尔教授指出：“发达国家资本的 75% 以上不再是实物资本，而是人力资本，人力资本成为人类财富增长、经济进步的源泉。”

如今的市场竞争已经不再是组织中的某单一要素优劣的打拼，而是全要素效能最大化的较量。组织中的人力资源管理也绝不是招聘、培养、使用等简单行为，应是一项系统工程，一项由大数据支撑的全要素提取、分析、优化、改善的集合工程。

HR-BI（Human Resource Business Intelligence），即人力资源商业智能，通过数据对组织整个人力资源管理过程实施监控、分析。它是商业智能在人力资源管理决策分析过程中有效应用的具体体现，是通过建立一套基于企业人力资源管理过程的分析模型，利用商业智能分析统计功能强大展现形式丰富的特点，实现支持企业人力资源管理决策分析的分析系统。它会将人力成本数据，包括劳动分配率、劳动报酬率、人均人工成本、人工成本占总成本比；效率数据，包括单位人工成本增加值、单位人工成本销售收入、单位人工成本生产研发增加值；薪酬数据，包括人均收入对比、级差、档差；招聘配置数据，包括招聘周期、到岗率、招聘费用、职能与后勤人员占比、管理人员占比；培训发展数据，包括人均培训课时（费用）、管理人员人均培训课时（费用）、后备梯队配置比；劳动关系数据，包括劳务纠纷发生次数、社保公积金覆盖率、劳动合同签订率、劳务纠纷相关费用占总人工成本比等进行全时段、全要素的分析、比对，形成组织综合的系统人力资源效能数据，显示出优势、劣势，并给出改善建议。

虽然，现今多数企业主要还在沿用传统的人力资源管理手段，但大数据技术已经开始渗透，先进的企业正在转型。可以肯定，在不远的将来，大数据技术必将成为人力资源管理的主角。

3. 大数据——精准定位人“心”的需求

人需要什么？以往我们的做法可以概括为“经验 + 感觉”模式，即“我认为你需求什么，就是需要什么”，或者大家认为你需要什么就是需要什么，最典型的例子就是企业给员工的奖励。这种主观的推测并不能客观、准确地反映员工的真正心理需求。

腾讯人力资源平台部总经理马海刚在做《大数据：助力 HR 共享服务交付》的演讲中，举了一个例子：腾讯的新入职的工程师和程序员在加入公司满周年的时候，可以到 HR 部门领取一些比如 Q 币之类的纪念礼物。刚开始时，周年纪念礼物的领取率仅有 50% ~60% 。为什么白给的东西他们都不要呢？对此，腾讯没有直接进行面对面的调查，而是通过大数据分析这些员工的习惯特性。发现这些工程师、程序员群体爱和机器打交道，不习惯与 HR 部门打交道，捕捉到这一心理后，他们改变了礼物的派发方式，把信息推送给员工，员工可以用机器自助领取礼物，结果礼物领取率几乎提升到了 100% 。

在企业，培训经常是根据计划或大多数人的需求，安排大课，集中讲授，也有的使用网络，基本是一刀切的形式居多。有的员工收获不少，但也有员工浪费不少，效能不高。大数据技术，通过员工心理状态、工作效率、业绩分析，精准确定其效能的影响因素，是心理问题还是技术问题，并且把这些需要再进行细分，如技术需求是需要基础知识，还是某一板块的技能欠缺，还是创新型思维的不适等。然后，给出每个人的具体需求，最后，有针对性、有的放矢地进行信息的推送。我在某机械公司调研时，在人力资源部门看到了一个有趣的现象，电脑显示的公司人员名册表格中常有员工的名字成红色显示，我询问人力资源经理这是为什么，他介绍这是公司的一套培训管理系统。

每名员工都纳入数据库进行管理，他们每天的工作会有记录，不管是什么问题都可以记，包括遇到的技术问题、协调问题、管理问题等。系统会自动统计、筛选每天员工反映的问题，独立性的问题会推送给相关的、能解决此问题的部门或人员；共性的问题就会显示出关注人的数量，以便采取措施。对于需要培训解决的工作态度、技术性问题，都会罗列得非常详细，人力资源部门会根据这些情况决定培训，培训什么、由谁培训、谁来参加等都是根据每个员工的需求而定的，有需求的人才会进行培训，没有需求的人就不培训。这套系统运行几年，效果非常明显。

互联网时代最突出的特点是数据引领互联网 + 的发展，未来是一个数据为王的时代，一切被记录的都是数据，人力资源管理工作将从依个人主观感觉变成向“事实 + 数据”的理性大数据分析转变，使决策更具有理性。人力资源管理会构建自我的大数据系统，将大数据思想应用于招聘、管理之中，如将岗位胜任素质转化为数据，将接收简历变成接收求职者的素质特征信息，面试的相当一部分工作会由智能计算替代。培训也将利用学习分析技术，为员工量身定制培训等。

大数据技术给我们的人力资源管理开了另一扇窗，那里的“风景”更美丽、迷人。它必将助力于人力资源管理，特别是招聘面试工作，向更精准、更便捷、更高效的方向发展。以此，代为后记，展望一下人力资源管理的趋势与必然，期待 HR 们在新的时代有卓越的作为。

推荐作者得新书！

博瑞森征稿启事

亲爱的读者朋友：

感谢您选择了博瑞森图书！希望您手中的这本书能给您带来实实在在的帮助！

博瑞森一直致力于发掘好作者、好内容，希望能把您最需要的思想、方法，一字一句地交到您手中，成为管理知识与管理实践的桥梁。

但是我们也知道，有很多深入企业一线、经验丰富、乐于分享的优秀专家，或者忙于实战没时间，或者缺少专业的写作指导和便捷的出版途径，只能茫然以待……

还有很多在竞争大潮中坚守的企业，有着异常宝贵的实践经验和独特的洞察，但缺少专业的记录和整理者，无法让企业的经验和故事被更多的人了解、学习……

对读者而言，这些都太遗憾了！

博瑞森非常希望能将这些埋藏的“宝藏”发掘出来，贡献给广大读者，让更多的人从中受益。

所以，我们真心地邀请您，我们的老读者，帮我们搜寻：

推荐作者

可以是您自己或您的朋友，只要对本土管理有实践、有思考；可以是您通过网络、杂志、书籍或其他途径了解的某位专家，不管名气大小，只要他的思想和方法曾让您深受启发。

可以是管理类作品，也可以超出管理，各类优秀的社科作品或学术作品。

推荐企业

可以是您自己所在的企业，或者是您熟悉的某家企业，其创业过程、运营经历、产品研发、机制创新，等等。无论企业大小，只要乐于分享、有值得借鉴书写之处。

总之，好内容就是一切！

博瑞森绝非“自费出书”，出版费用完全由我们承担。您推荐的作者或企业案例一经采用，我们会立刻向您赠送书币 1000 元，可直接换取任何博瑞森图书的纸书或电子书。

感谢您对本土管理原创、博瑞森图书的支持！

1120 本土管理实践与创新论坛

这是由 100 多位本土管理专家联合创立的企业管理实践学术交流组织，旨在孵化本土管理思想、促进企业管理实践、加强专家间交流与协作。

论坛每年集中力量办好两件大事：第一，**"出一本书"**，汇聚一年的思考和实践，把最原创、最前沿、最实战的内容集结成册，贡献给读者；第二，**"办一次会"**，每年 11 月 20 日本土管理专家们汇聚一堂，碰撞思想、研讨案例、交流切磋、回馈社会。

论坛理事名单（以年龄为序，以示传承之意）

首届常务理事：

彭志雄　曾　伟　施　炜　杨　涛　张学军
郭　晓　程绍珊　胡八一　王祥伍　李志华
陈立云　杨永华

理　　事：

卢根鑫　王铁仁　周荣辉　曾令同　陆和平　宋杼宸　张国祥
刘承元　曹子祥　宋新宇　吴越舟　吴　坚　戴欣明　仲昭川
刘春雄　刘祖轲　段继东　何　慕　秦国伟　贺兵一　张小虎
郭　剑　余晓雷　黄中强　朱玉童　沈　坤　阎立忠　张　进
丁兴良　朱仁健　薛宝峰　史贤龙　卢　强　史幼波　叶敦明
王明胤　陈　明　岑立聪　方　刚　何足奇　周　俊　杨　奕
孙行健　孙嘉晖　张东利　郭富才　叶　宁　何　屹　沈　奎
王　超　马宝琳　谭长春　夏惊鸣　张　博　李洪道　胡浪球
孙　波　唐江华　程　翔　刘红明　杨鸿贵　伯建新　高可为
李　蓓　王春强　孔祥云　贾同领　罗宏文　史立臣　李政权
余　盛　陈小龙　尚　锋　邢　雷　余伟辉　李小勇　全怀周
初勇钢　陈　锐　高继中　聂志新　黄　屹　沈　拓　徐伟泽
谭洪华　崔自三　王玉荣　蒋　军　侯军伟　黄润霖　金国华
吴　之　葛新红　周　剑　崔海鹏　柏　龑　唐道明　朱志明
曲宗恺　杜　忠　远　鸣　范月明　刘文新　赵晓萌　张　伟
韩　旭　韩友诚　熊亚柱　孙彩军　刘　雷　王庆云　李少星
俞士耀　丁　昀　黄　磊　罗晓慧　伏泓霖　梁小平　鄢圣安

企业案例·老板传记			
	书名．作者	内容/特色	读者价值
企业案例·老板传记	**你不知道的加多宝：原市场部高管讲述** 曲宗恺　牛玮娜　著	前加多宝高管解读加多宝	全景式解读，原汁原味
	借力咨询：德邦成长背后的秘密 官同良　王祥伍　著	讲述德邦是如何借助咨询公司的力量进行自身与发展的	来自德邦内部的第一线资料，真实、珍贵，令人受益匪浅
	收购后怎样有效整合：一个重工业收购整合实录（待出版） 李少星　著	讲述企业并购后的事	语言轻松活泼，对并购后的企业有借鉴作用
	娃哈哈区域标杆：豫北市场营销实录 罗宏文　赵晓萌　等著	本书从区域的角度来写娃哈哈河南分公司豫北市场是怎么进行区域市场营销，成为娃哈哈全国第一大市场、全国增量第一高市场的一些操作方法	参考性、指导性，一线真实资料
	六个核桃凭什么：从0过100亿 张学军　著	首部全面揭秘养元六个核桃裂变式成长的巨著	学习优秀企业的成长路径，了解其背后的理论体系
	像六个核桃一样：打造畅销品的36个简明法则 王　超　范　萍　著	本书分上下两篇：包括“六个核桃”的营销战略历程和36条畅销法则	知名企业的战略历程极具参考价值，36条法则提供操作方法
	解决方案营销实战案例 刘祖轲　著	用10个真案例讲明白什么是工业品的解决方案式营销，实战、实用	有干货、真正操作过的才能写得出来
	招招见销量的营销常识 刘文新　著	如何让每一个营销动作都直指销量	适合中小企业，看了就能用
	我们的营销真案例 联纵智达研究院　著	五芳斋粽子从区域到全国/诺贝尔瓷砖门店销量提升/利豪家具出口转内销/汤臣倍健的营销模式	选择的案例都很有代表性，实在、实操！
	中国营销战实录：令人拍案叫绝的营销真案例 联纵智达　著	51个案例，42家企业，38万字，18年，累计2000余人次参与……	最真实的营销案例，全是一线记录，开阔眼界
	双剑破局：沈坤营销策划案例集 沈　坤　著	双剑公司多年来的精选案例解析集，阐述了项目策划中每一个营销策略的诞生过程，策划角度和方法	一线真实案例，与众不同的策划角度令人拍案叫绝、受益匪浅
	宗：一位制造业企业家的思考 杨　涛　著	1993年创业，引领企业平稳发展20多年，分享独到的心得体会	难得的一本老板分享经验的书
	简单思考：AMT咨询创始人自述 孔祥云　著	著名咨询公司（AMT）的CEO创业历程中点点滴滴的经验与思考	每一位咨询人，每一位创业者和管理经营者，都值得一读
	边干边学做老板 黄中强　著	创业20多年的老板，有经验、能写、又愿意分享，这样的书很少	处处共鸣，帮助中小企业老板少走弯路
	三四线城市超市如何快速成长：解密甘雨亭 IBMG国际商业管理集团　著	国内外标杆企业的经验+本土实践量化数据+操作步骤、方法	通俗易懂，行业经验丰富，宝贵的行业量化数据，关键思路和步骤
	中国首家未来超市：解密安徽乐城 IBMG国际商业管理集团　著	本书深入挖掘了安徽乐城超市的试验案例，为零售企业未来的发展提供了一条可借鉴之路	通俗易懂，行业经验丰富，宝贵的行业量化数据，关键思路和步骤

续表

互联网 +			
	书名．作者	内容/特色	读者价值
互联网+	**企业微信营销全指导** 孙　巍　著	专门给企业看到的微信营销书，手把手教企业从小白到微信营销专家	企业想学微信营销现在还不晚，两眼一抹黑也不怕，有这本书就够
	企业网络营销这样做才对：B2B、大宗 B2C 张　进　著	简单直白拿来就用，各种窍门信手拈来，企业网络营销不麻烦也不用再头疼，一般人不告诉他	B2B、大宗 B2C 企业有福了，看了就能学会网络营销
	互联网时代的银行转型 韩友诚　著	以大量案例形式为读者全面展示和分析了银行的互联网金融转型应对之道	结合本土银行转型发展案例的书籍
	正在发生的转型升级·实践 本土管理实践与创新论坛　著	企业在快速变革期所展现出的管理变革新成果、新方法、新案例	重点突出对于未来企业管理相关领域的趋势研判
	触发需求：互联网新营销样本·水产 何足奇　著	传统产业都在苦闷中挣扎前行，本书通过鲜活的案例告诉你如何以需求链整合供应链，从而把大家熟知的传统行业打碎了重构、重做一遍	全是干货，值得细读学习，并且作者的理论已经经过了他亲自操刀的实践检验，效果惊人，就在书中全景展示
	移动互联新玩法：未来商业的格局和趋势 史贤龙　著	传统商业、电商、移动互联，三个世界并存，这种新格局的玩法一定要懂	看清热点的本质，把握行业先机，一本书搞定移动互联网
	微商生意经：真实再现 33 个成功案例操作全程 伏泓霖　罗晓慧　著	本书为 33 个真实案例，分享案例主人公在做微商过程中的经验教训	案例真实，有借鉴意义
	阿里巴巴实战运营——14 招玩转诚信通 聂志新　著	本书主要介绍阿里巴巴诚信通的十四个基本推广操作，从而帮助使用诚信通的用户及企业更好地提升业绩	基本操作，很多可以边学边用，简单易学
	今后这样做品牌：移动互联时代的品牌营销策略 蒋　军　著	与移动互联紧密结合，告诉你老方法还能不能用，新方法怎么用	今后这样做品牌就对了
	互联网 +“变”与“不变”：本土管理实践与创新论坛集萃·2016 本土管理实践与创新论坛　著	本土管理领域正在产生自己独特的理论和模式，尤其在移动互联时代，有很多新课题需要本土专家们一起研究	帮助读者拓宽眼界、突破思维
	创造增量市场：传统企业互联网转型之道 刘红明　著	传统企业需要用互联网思维去创造增量，而不是用电子商务去转移传统业务的存量	教你怎么在“互联网 +”的海洋中创造实实在在的增量
	重生战略：移动互联网和大数据时代的转型法则 沈　拓　著	在移动互联网和大数据时代，传统企业转型如同生命体打算与再造，称之为“重生战略”	帮助企业认清移动互联网环境下的变化和应对之道
	画出公司的互联网进化路线图：用互联网思维重塑产品、客户和价值 李　蓓　著	18 个问题帮助企业一步步梳理出互联网转型思路	思路清晰、案例丰富，非常有启发性

续表

互联网+	**7个转变，让公司3年胜出** 李蓓 著	消费者主权时代，企业该怎么办	这就是互联网思维，老板有能这样想，肯定倒不了
	跳出同质思维，从跟随到领先 郭剑 著	66个精彩案例剖析，帮助老板突破行业长期思维惯性	做企业竟然有这么多玩法，开眼界
行业类：零售、白酒、食品/快消品、农业、医药、建材家居等			
	书名．作者	内容/特色	读者价值
零售·超市·餐饮·服装	**总部有多强大，门店就能走多远** IBMG国际商业管理集团 著	如何把总部做强，成为门店的坚实后盾	了解总部建设的方法与经验
	超市卖场定价策略与品类管理 IBMG国际商业管理集团 著	超市定价策略与品类管理实操案例和方法	拿来就能用的理论和工具
	连锁零售企业招聘与培训破解之道 IBMG国际商业管理集团 著	围绕零售企业组织架构、培训体系建设等内容进行深刻探讨	破解人才发现和培养瓶颈的关键点
	中国首家未来超市：解密安徽乐城 IBMG国际商业管理集团 著	介绍了乐城作为中国首家未来超市从无到有的传奇经历	了解新型零售超市的运作方式及管理特色
	三四线城市超市如何快速成长：解密甘雨亭 IBMG国际商业管理集团 著	揭秘一家三四线连锁超市的经验策略	不但可以欣赏它的优点，而且可以学会它成功的方法
	涨价也能卖到翻 村松达夫 【日】	提升客单价的15种实用、有效的方法	日本企业在这方面非常值得学习和借鉴
	移动互联下的超市升级 联商网专栏频道 著	深度解析超市转型升级重点	帮助零售企业把握全局、看清方向
	手把手教你做专业督导：专卖店、连锁店 熊亚柱 著	从督导的职能、作用，在工作中需要的专业技能、方法，都提供了详细的解读和训练办法，同时附有大量的表单工具	无论是店铺需要统一培训，还是个人想成为优秀的督导，有这一本就够了
	百货零售全渠道营销策略 陈继展 著	没有照本宣科、说教式的絮叨，只有笔者对行业的认知与理解，庖丁解牛式的逐项解析、展开	通俗易懂，花极少的时间快速掌握该领域的知识及趋势
	零售：把客流变成购买力 丁昀 著	如何通过不断升级产品和体验式服务来经营客流	如何进行体验营销，国外的好经营，这方面有启发
	餐饮企业经营策略第一书 吴坚 著	分别从产品、顾客、市场、盈利模式等几个方面，对现阶段餐饮企业的发展提出策略和思路	第一本专业的、高端的餐饮企业经营指导书

续表

零售·超市·餐饮·服装	**电影院的下一个黄金十年:开发·差异化·案例** 李保煜　著	对目前电影院市场存大的问题及如何解决进行了探讨与解读	多角度了解电影院运营方式及代表性案例
	赚不赚钱靠店长:从懂管理到会经营 孙彩军　著	通过生动的案例来进行剖析,注重门店管理细节方面的能力提升	帮助终端门店店长在管理门店的过程中实现经营思路的拓展与突破
耐消品	**商业车经销商实战** 深远汽车　著	聚焦于商用车行业的经销商与4S店的运营	对商用车行业及其经销商运营有很大的指导意义
	汽车配件这样卖:汽车后市场销售秘诀100条 俞士耀　著	汽配销售业务员必读,手把手教授最实用的方法,轻松得来好业绩	快速上岗,专业实效,业绩无忧
	跟行业老手学经销商开发与管理:家电、耐消品、建材家居 黄润霖　著	全部来源于经销商管理的一线问题,作者用丰富的经验将每一个问题落实到最便捷快速的操作方法上去	书中每一个问题都是普通营销人亲口提出的,这些问题你也会遇到,作者进行的解答则精彩实用
白酒	**白酒到底如何卖** 赵海永　著	以市场实战为主,多层次、全方位、多角度地阐释了白酒一线市场操作的最新模式和方法,接地气	实操性强,37个方法、6大案例帮你成功卖酒
	变局下的白酒企业重构 杨永华　著	帮助白酒企业从产业视角看清趋势,找准位置,实现弯道超车的书	行业内企业要减少90%,自己在什么位置,怎么做,都清楚了
	1. 白酒营销的第一本书(升级版) **2. 白酒经销商的第一本书** 唐江华　著	华泽集团湖南开口笑公司品牌部长,擅长酒类新品推广、新市场拓展	扎根一线,实战
	区域型白酒企业营销必胜法则 朱志明　著	为区域型白酒企业提供35条必胜法则,在竞争中赢销的葵花宝典	丰富的一线经验和深厚积累,实操实用
	10步成功运作白酒区域市场 朱志明　著	白酒区域操盘者必备,掌握区域市场运作的战略、战术、兵法	在区域市场的攻伐防守中运筹帷幄,立于不败之地
	酒业转型大时代:微酒精选2014－2015 微酒　主编	本书分为五个部分:当年大事件、那些酒业营销工具、微酒独立策划、业内大调查和十大经典案例	了解行业新动态、新观点,学习营销方法
快消品·食品	**5小时读懂快消品营销:中国快消品案例观察** 陈海超　著	多年营销经验的一线老手把案例掰开了、揉碎了,从中得出的各种手段和方法给读者以帮助和启发	营销那些事儿的个中秘辛,求人还不一定告诉你,这本书里就有
	快消品招商的第一本书:从入门到精通 刘　雷　著	深入浅出,不说废话,有工具方法,通俗易懂	让零基础的招商新人快速学习书中最实用的招商技能,成长为骨干人才
	乳业营销第一书 侯军伟　著	对区域乳品企业生存发展关键性问题的梳理	唯一的区域乳业营销书,区域乳品企业一定要看
	食用油营销第一书 余　盛　著	10多年油脂企业工作经验,从行业到具体实操	食用油行业第一书,当之无愧

续表

快消品·食品	**中国茶叶营销第一书** 柏 龑 著	如何跳出茶行业"大文化小产业"的困境,作者给出了自己的观察和思考	不是传统做茶的思路,而是现在商业做茶的思路
	调味品营销第一书 陈小龙 著	国内唯一一本调味品营销的书	唯一的调味品营销的书,调味品的从业者一定要看
	快消品营销人的第一本书:从入门到精通 刘 雷 伯建新 著	快消行业必读书,从入门到专业	深入细致,易学易懂
	变局下的快消品营销实战策略 杨永华 著	通胀了,成本增加,如何从被动应战变成主动的"系统战"	作者对快消品行业非常熟悉、非常实战
	快消品经销商如何快速做大 杨永华 著	本书完全从实战的角度,评述现象,解析误区,揭示原理,传授方法	为转型期的经销商提供了解决思路,指出了发展方向
	一位销售经理的工作心得 蒋 军 著	一线营销管理人员想提升业绩却无从下手时,可以看看这本书	一线的真实感悟
	快消品营销:一位销售经理的工作心得2 蒋 军 著	快消品、食品饮料营销的经验之谈,重点图书	来源与实战的精华总结
	快消品营销与渠道管理 谭长春 著	将快消品标杆企业渠道管理的经验和方法分享出来	可口可乐、华润的一些具体的渠道管理经验,实战
	成为优秀的快消品区域经理(升级版) 伯建新 著	用"怎么办"分析区域经理的工作关键点,增加30%全新内容,更贴近环境变化	可以作为区域经理的"速成催化器"
	销售轨迹:一位快消品营销总监的拼搏之路 秦国伟 著	本书讲述了一个普通销售员打拼成为跨国企业营销总监的真实奋斗历程	激励人心,给广大销售员以力量和鼓舞
	快消老手都在这样做:区域经理操盘锦囊 方 刚 著	非常接地气,全是多年沉淀下来的干货,丰富的一线经验和实操方法不可多得	在市场摸爬滚打的"老油条",那些独家绝招妙招一般你问都是问不来的
	动销四维:全程辅导与新品上市 高继中 著	从产品、渠道、促销和新品上市详细讲解提高动销的具体方法,总结作者18年的快消品行业经验,方法实操	内容全面系统,方法实操
农业	**新农资如何换道超车** 刘祖轲 等著	从农业产业化、互联网转型、行业营销与经营突破四个方面阐述如何让农资企业占领先机、提前布局	南方略专家告诉你如何应对资源浪费、生产效率低下、产能严重过剩、价格与价值严重扭曲等
	中国牧场管理实战:畜牧业、乳业必读 黄剑黎 著	本书不仅提供了来自一线的实际经验,还收入了丰富的工具文档与表单	填补空白的行业必读作品
	中小农业企业品牌战法 韩 旭 著	将中小农业企业品牌建设的方法,从理论讲到实践,具有指导性	全面把握品牌规划,传播推广,落地执行的具体措施
	农资营销实战全指导 张 博 著	农资如何向"深度营销"转型,从理论到实践进行系统剖析,经验资深	朴实、使用! 不可多得的农资营销实战指导
	农产品营销第一书 胡浪球 著	从农业企业战略到市场开拓、营销、品牌、模式等	来源于实践中的思考,有启发
	变局下的农牧企业9大成长策略 彭志雄 著	食品安全、纵向延伸、横向联合、品牌建设……	唯一的农牧企业经营实操的书,农牧企业一定要看

续表

医药	**在中国，医药营销这样做：时代方略精选文集** 段继东　主编	专注于医药营销咨询15年，将医药营销方法的精华文章合编，深入全面	可谓医药营销领域的顶尖著作，医药界读者的必读书
	医药新营销：制药企业、医药商业企业营销模式转型 史立臣　著	医药生产企业和商业企业在新环境下如何做营销？老方法还有没有用？如何寻找新方法？新方法怎么用？本书给你答案	内容非常现实接地气，踏实谈问题说方法
	医药企业转型升级战略 史立臣　著	药企转型升级有5大途径，并给出落地步骤及风险控制方法	实操性强，有作者个人经验总结及分析
	新医改下的医药营销与团队管理 史立臣　著	探讨新医改对医药行业的系列影响和医药团队管理	帮助理清思路，有一个框架
	医药营销与处方药学术推广 马宝琳　著	如何用医学策划把"平民产品"变成"明星产品"	有真货、讲真话的作者，堪称处方药营销的经典！
	新医改了，药店就要这样开 尚　锋　著	药店经营、管理、营销全攻略	有很强的实战性和可操作性
	电商来了，实体药店如何突围 尚　锋　著	电商崛起，药店该如何突围？本书从促销、会员服务、专业性、客单价等多重角度给出了指导方向	实战攻略，拿来就能用
	OTC医药代表药店销售36计 鄢圣安　著	以《三十六计》为线，写OTC医药代表向药店销售的一些技巧与策略	案例丰富，生动真实，实操性强
	OTC医药代表药店开发与维护 鄢圣安　著	要做到一名专业的医药代表，需要做什么、准备什么、知识储备、操作技巧等	医药代表药店拜访的指导手册，手把手教你快速上手
	引爆药店成交率1：店员导购实战 范月明　著	一本书解决药店导购所有难题	情景化、真实化、实战化
	引爆药店成交率2：经营落地实战 范月明　著	最接地气的经营方法全指导	揭示了药店经营的几类关键问题
	引爆药店成交率：专业化销售解决方案 范月明　著	药品搭配分析与关联销售	为药店人专业化助力
建材家居	**家具行业操盘手** 王献永　著	家具行业问题的终结者	解决了干家具还有没有前途？为什么同城多店的家具经销商很难做大做强等问题
	建材家居营销：除了促销还能做什么 孙嘉晖　著	一线老手的深度思考，告诉你在建材家居营销模式基本停滞的今天，除了促销，营销还能怎么做	给你的想法一场革命
	建材家居营销实务 程绍珊　杨鸿贵　主编	价值营销运用到建材家居，每一步都让客户增值	有自己的系统、实战
	建材家居门店销量提升 贾同领　著	店面选址、广告投放、推广助销、空间布局、生动展示、店面运营等	门店销量提升是一个系统工程，非常系统、实战

续表

建材家居	**10 步成为最棒的建材家居门店店长** 徐伟泽　著	实际方法易学易用，让员工能够迅速成长，成为独当一面的好店长	只要坚持这样干，一定能成为好店长
	手把手帮建材家居导购业绩倍增：成为顶尖的门店店员 熊亚柱　著	生动的表现形式，让普通人也能成为优秀的导购员，让门店业绩长红	读着有趣，用着简单，一本在手、业绩无忧
	建材家居经销商实战 42 章经 王庆云　著	告诉经销商：老板怎么当、团队怎么带、生意怎么做	忠言逆耳，看着不舒服就对了，实战总结，用一招半式就值了
工业品	**销售是门专业活：B2B 、工业品** 陆和平　著	销售流程就应该跟着客户的采购流程和关注点的变化向前推进，将一个完整的销售过程分成十个阶段，提供具体方法	销售不是请客吃饭拉关系，是个专业的活计！方法在手，走遍天下不愁
	解决方案营销实战案例 刘祖轲　著	用 10 个真案例讲明白什么是工业品的解决方案式营销，实战、实用	有干货、真正操作过的才能写得出来
	变局下的工业品企业 7 大机遇 叶敦明　著	产业链条的整合机会、盈利模式的复制机会、营销红利的机会、工业服务商转型机会……	工业品企业还可以这样做，思维大突破
	工业品市场部实战全指导 杜　忠　著	工业品市场部经理工作内容全指导	系统、全面、有理论、有方法，帮助工业品市场部经理更快提升专业能力
	工业品营销管理实务 李洪道　著	中国特色工业品营销体系的全面深化、工业品营销管理体系优化升级	工具更实战，案例更鲜活，内容更深化
	工业品企业如何做品牌 张东利　著	为工业品企业提供最全面的品牌建设思路	有策略、有方法、有思路、有工具
	丁兴良讲工业 4.0 丁兴良　著	没有枯燥的理论和说教，用朴实直白的语言告诉你工业 4.0 的全貌	工业 4.0 是什么？本书告诉你答案
	资深大客户经理：策略准，执行狠 叶敦明　著	从业务开发、发起攻势、关系培育、职业成长四个方面，详述了大客户营销的精髓	满满的全是干货
	一切为了订单：订单驱动下的工业品营销实战 唐道明　著	其实，所有的企业都在围绕着两个字在开展全部的经营和管理工作，那就是“订单”	开发订单、满足订单、扩大订单。本书全是实操方法，字字珠玑、句句干货，教你获得营销的胜利
金融	**交易心理分析** (美)马克·道格拉斯　著 刘真如　译	作者一语道破赢家的思考方式，并提供了具体的训练方法	不愧是投资心理的第一书，绝对经典
	精品银行管理之道 崔海鹏　何　屹　主编	中小银行转型的实战经验总结	中小银行的教材很多，实战类的书很少，可以看看
	支付战争 Eric M. Jackson　著 徐　彬　王　晓　译	PayPal 创业期营销官，亲身讲述 PayPal 从诞生到壮大到成功出售的整个历史	激烈、有趣的内幕商战故事！了解美国支付市场的风云巨变
	中外并购名著专业阅读指南 叶兴平　等著	在 5000 多本并购类图书中精选的 200 著作，在阅读的基础上写的读书评价	精挑细选 200 本并一一评介，省去读者挑选的烦恼，快捷、高效
	互联网时代的银行转型 韩友诚　著	以大量案例形式为读者全面展示和分析了银行的互联网金融转型应对之道	结合本土银行转型发展案例的书籍

续表

房地产	**产业园区/产业地产规划、招商、运营实战** 阎立忠 著	目前中国第一本系统解读产业园区和产业地产建设运营的实战宝典	从认知、策划、招商到运营全面了解地产策划
	人文商业地产策划 戴欣明 著	城市与商业地产战略定位的关键是不可复制性,要发现独一无二的"味道"	突破千城一面的策划困局
	电影院的下一个黄金十年:开发·差异化·案例 李保煜 著	对目前电影院市场存大的问题及如何解决进行了探讨与解读	多角度了解电影院运营方式及代表性案例
经营类:企业如何赚钱,如何抓机会,如何突破,如何"开源"			
	书名.作者	**内容/特色**	**读者价值**
抓方向	**让经营回归简单.升级版** 宋新宇 著	化繁为简抓住经营本质:战略、客户、产品、员工、成长	经典,做企业就这几个关键点!
	混沌与秩序Ⅰ:变革时代企业领先之道 **混沌与秩序Ⅱ:变革时代管理新思维** 彭剑锋 尚艳玲 主编	汇集华夏基石专家团队10年来研究成果,集中选择了其中的精华文章编纂成册	作者都是既有深厚理论积淀又有实践经验的重磅专家,为中国企业和企业家的未来提出了高屋建瓴的观点
	活系统:跟任正非学当老板 孙行健 尹贤 著	以任正非的独到视角,教企业老板如何经营公司	看透公司经营本质,激活企业活力
	重构:中国企业重生战略 杨永华 著	从7个角度,帮助企业实现系统性的改造	提供转型思想与方法,值得参考
	公司由小到大要过哪些坎 卢强 著	老板手里的一张"企业成长路线图"	现在我在哪儿,未来还要走哪些路,都清楚了
	企业二次创业成功路线图 夏惊鸣 著	企业曾经抓住机会成功了,但下一步该怎么办?	企业怎样获得第二次成功,心里有个大框架了
	老板经理人双赢之道 陈明 著	经理人怎养选平台、怎么开局,老板怎样选/育/用/留	老板生闷气,经理人牢骚大,这次知道该怎么办了
	简单思考:AMT咨询创始人自述 孔祥云 著	著名咨询公司(AMT)的CEO创业历程中点点滴滴的经验与思考	每一位咨询人,每一位创业者和管理经营者,都值得一读
	企业文化的逻辑 王祥伍 黄健江 著	为什么企业绩效如此不同,解开绩效背后的文化密码	少有的深刻,有品质,读起来很流畅
	使命驱动企业成长 高可为 著	钱能让一个人今天努力,使命能让一群人长期努力	对于想做事业的人,'使命'是绕不过去的
思维突破	**盈利原本就这么简单** 高可为 著	从财务的角度揭示企业盈利的秘密	多方面解读商业模式与盈利的关系,通俗易懂,受益匪浅
	移动互联新玩法:未来商业的格局和趋势 史贤龙 著	传统商业、电商、移动互联,三个世界并存,这种新格局的玩法一定要懂	看清热点的本质,把握行业先机,一本书搞定移动互联网
	画出公司的互联网进化路线图:用互联网思维重塑产品、客户和价值 李蓓 著	18个问题帮助企业一步步梳理出互联网转型思路	思路清晰、案例丰富,非常有启发性
	重生战略:移动互联网和大数据时代的转型法则 沈拓 著	在移动互联网和大数据时代,传统企业转型如同生命体打算与再造,称之为"重生战略"	帮助企业认清移动互联网环境下的变化和应对之道

续表

思维突破	**创造增量市场：传统企业互联网转型之道** 刘红明　著	传统企业需要用互联网思维去创造增量，而不是用电子商务去转移传统业务的存量	教你怎么在“互联网+”的海洋中创造实实在在的增量
	7个转变，让公司3年胜出 李　蓓　著	消费者主权时代，企业该怎么办	这就是互联网思维，老板有能这样想，肯定倒不了
	跳出同质思维，从跟随到领先 郭　剑　著	66个精彩案例剖析，帮助老板突破行业长期思维惯性	做企业竟然有这么多玩法，开眼界
	麻烦就是需求　难题就是商机 卢根鑫　著	如何借助客户的眼睛发现商机	什么是真商机，怎么判断、怎么抓，有借鉴
	互联网+“变”与“不变”：本土管理实践与创新论坛集萃·2016 本土管理实践与创新论坛　著	加速本土管理思想的孕育诞生，促进本土管理创新成果更好地服务企业、贡献社会	各个作者本年度最新思想，帮助读者拓宽眼界、突破思维
财务	**写给企业家的公司与家庭财务规划——从创业成功到富足退休** 周荣辉　著	本书以企业的发展周期为主线，写各阶段企业与企业主家庭的财务规划	为读者处理人生各阶段企业与家庭的财务问题提供建议及方法，让家庭成员真正享受财富带来的益处
	互联网时代的成本观 程　翔　著	本书结合互联网时代提出了成本的多维观，揭示了多维组合成本的互联网精神和大数据特征，论述了其产生背景、实现思路和应用价值	在传统成本观下为盈利的业务，在新环境下也许就成为亏损业务。帮助管理者从新的角度来看待成本，进一步做好精益管理

管理类：效率如何提升，如何实现经营目标，如何“节流”

	书名．作者	内容/特色	读者价值
通用管理	**让管理回归简单·升级版** 宋新宇　著	从目标、组织、决策、授权、人才和老板自己层面教你怎样做管理	帮助管理抓住管理的要害，让管理变得简单
	让经营回归简单·升级版 宋新宇　著	从战略、客户、产品、员工、成长、经营者自身等七个方面，归纳总结出简单有效的经营法则	总结出的真正优秀企业的成功之道：简单
	让用人回归简单 宋新宇　著	从用人的原则、用人的难题与误区、用人的方法和用人者的修炼四大方面，总结出适合中小企业做好人才管理工作的法则	帮助管理者抓住用人的要害，让用人变得简单
	管理：以规则驾驭人性 王春强　著	详细解读企业规则的制定方法	从人与人博弈角度提升管理的有效性
	员工心理学超级漫画版 邢　雷　著	以漫画的形式深度剖析员工心理	帮助管理者更了解员工，从而更轻松地管理员工
	帅抓战略，将抓执行 王清华　著	深入剖析老板与高管的异同	各司其职，各行其是，相辅相成
	分股合心：股权激励这样做 段磊　周剑　著	通过丰富的案例，详细介绍了股权激励的知识和实行方法	内容丰富全面、易读易懂，了解股权激励，有这一本就够了

续表

通用管理	**边干边学做老板** 黄中强　著	创业20多年的老板,有经验、能写、又愿意分享,这样的书很少	处处共鸣,帮助中小企业老板少走弯路
	中国式阿米巴落地实践之从交付到交易 胡八一　著	本书主要讲述阿米巴经营会计,"从交付到交易",这是成功实施了阿米巴的标志	阿米巴经营会计的工作是有逻辑关联的,一本书就能搞定
	中国式阿米巴落地实践之激活组织 胡八一　著	重点讲解如何科学划分阿米巴单元,阐述划分的实操要领、思路、方法、技术与工具	最大限度减少"推行风险"和"摸索成本",利于公司成功搭建适合自身的个性化阿米巴经营体系
	集团化企业阿米巴实战案例 初勇钢　著	一家集团化企业阿米巴实施案例	指导集团化企业系统实施阿米巴
	阿米巴经营的中国模式 李志华　著	让员工从"要我干"到"我要干",价值量化出来	阿米巴在企业如何落地,明白思路了
	欧博心法:好管理靠修行 曾　伟　著	用佛家的智慧,深刻剖析管理问题,见解独到	如果真的有'中国式管理',曾老师是其中标志性人物
流程管理	**1. 用流程解放管理者** **2. 用流程解放管理者2** 张国祥　著	中小企业阅读的流程管理、企业规范化的书	通俗易懂,理论和实践的结合恰到好处
	跟我们学建流程体系 陈立云　著	畅销书《跟我们学做流程管理》系列,更实操,更细致,更深入	更多地分享实践,分享感悟,从实践总结出来的方法论
质量管理	**IATF16949质量管理体系详解与案例文件汇编:TS16949转版IATF16949:2016** 谭洪华　著	针对IATF的新标准做了详细的解说,同时指出了一些推行中容易犯的错误,提供了大量的表单、案例	案例、表单丰富,拿来就用
	五大质量工具详解及运用案例:APQP/FMEA/PPAP/MSA/SPC 谭洪华　著	对制造业必备的五大质量工具中每个文件的制作要求、注意事项、制作流程、成功案例等进行了解读	通俗易懂、简便易行,能真正实现学以致用
	ISO9001:2015新版质量管理体系详解与案例文件汇编 谭洪华　著	紧密围绕2015年新版质量管理体系文件逐条详细解读,并提供可以直接套用的案例工具,易学易上手	企业质量管理认证、内审必备
	ISO14001:2015新版环境管理体系详解与案例文件汇编 谭洪华　著	紧密围绕2015年新版环境管理体系文件逐条详细解读,并提供可以直接套用的案例工具,易学易上手	企业环境管理认证、内审必备
	SA8000:2014社会责任管理体系认证实战 吕　林　著	作者根据自己的操作经验,按认证的流程,以相关案例进行说明SA8000认证体系	简单,实操性强,拿来就能用
战略落地	**重生——中国企业的战略转型** 施　炜　著	从前瞻和适用的角度,对中国企业战略转型的方向、路径及策略性举措提出了一些概要性的建议和意见	对企业有战略指导意义
	公司大了怎么管:从靠英雄到靠组织 AMT金国华　著	第一次详尽阐释中国快速成长型企业的特点、问题及解决之道	帮助快速成长型企业领导及管理团队理清思路,突破瓶颈

续表

战略落地	**低效会议怎么改:每年节省一半会议成本的秘密** AMT 王玉荣　著	教你如何系统规划公司的各级会议,一本工具书	教会你科学管理会议的办法
	年初订计划,年尾有结果:战略落地七步成诗 AMT 郭晓　著	7 个步骤教会你怎么让公司制定的战略转变为行动	系统规划,有效指导计划实现
人力资源	**HRBP 是这样炼成的之"菜鸟起飞"** 新　海　著	以小说的形式,具体解析 HRBP 的职责,应该如何操作,如何为业务服务	实践者的经验分享,内容实务具体,形式有趣
	HRBP 是这样炼成的之中级修炼 新　海　著	本书以案例故事的方式,介绍了 HRBP 在实际工作中碰到的问题和挑战	书中的 HR 解决方案讲究因时因地制宜、简单有效的原则,重在启发读者思路,可供各类企业 HRBP 借鉴
	HRBP 是这样炼成的之高级修炼 新　海　著	以故事的形式,展现了 HRBP 工作者在职业发展路上的层层深入和递进	为读者提供 HRBP 在实际工作中遇到种种问题的解决方案
	把面试做到极致:首席面试官的人才甄选法 孟广桥　著	作者用自己几十年的人力资源经验总结出的一套实用的确定岗位招聘标准、提升面试官技能素质的简便方法	面试官必备,没有空泛理论,只有巧妙的实操技能
	人力资源体系与 e－HR 信息化建设 刘书生　陈　莹　王美佳　著	将作者经历的人力资源管理变革、人力资源管理信息化咨询项目方法论、工具和成果全面展现给读者,使大家能够将其快速应用到管理实践中	系统性非常强,没有废话,全部是浓缩的干货
	回归本源看绩效 孙　波　著	让绩效回顾"改进工具"的本源,真正为企业所用	确实是来源于实践的思考,有共鸣
	世界 500 强资深培训经理人教你做培训管理 陈　锐　著	从 7 大角度具体细致地讲解了培训管理的核心内容	专业、实用、接地气
	曹子祥教你做激励性薪酬设计 曹子祥　著	以激励性为指导,系统性地介绍了薪酬体系及关键岗位的薪酬设计模式	深入浅出,一本书学会薪酬设计
	曹子祥教你做绩效管理 曹子祥　著	复杂的理论通俗化,专业的知识简单化,企业绩效管理共性问题的解决方案	轻松掌握绩效管理
	把招聘做到极致 远　鸣　著	作为世界 500 强高级招聘经理,作者数十年招聘经验的总结分享	带来职场思考境界的提升和具体招聘方法的学习
	人才评价中心．超级漫画版 邢　雷　著	专业的主题,漫画的形式,只此一本	没想到一本专业的书,能写成这效果
	走出薪酬管理误区 全怀周　著	剖析薪酬管理的 8 大误区,真正发挥好枢纽作用	值得企业深读的实用教案
	集团化人力资源管理实践 李小勇　著	对搭建集团化的企业很有帮助,务实,实用	最大的亮点不是理论,而是结合实际的深入剖析
	我的人力资源咨询笔记 张　伟　著	管理咨询师的视角,思考企业的 HR 管理	通过咨询师的眼睛对比很多企业,有启发
	本土化人力资源管理 8 大思维 周　剑　著	成熟 HR 理论,在本土中小企业实践中的探索和思考	对企业的现实困境有真切体会,有启发

续表

企业文化	**36 个拿来就用的企业文化建设工具** 海融心胜　主编	数十个工具，为了方便拿来就用，每一个工具都严格按照工具属性、操作方法、案例解读划分，实用、好用	企业文化工作者的案头必备书，方法都在里面，简单易操作
	企业文化建设超级漫画版 邢　雷　著	以漫画的形式系统教你企业文化建设方法	轻松易懂好操作
	华夏基石方法：企业文化落地本土实践 王祥伍　谭俊峰　著	十年积累、原创方法、一线资料，和盘托出	在文化落地方面真正有洞察，有实操价值的书
	企业文化的逻辑 王祥伍　著	为什么企业之间如此不同，解开绩效背后的文化密码	少有的深刻，有品质，读起来很流畅
	企业文化激活沟通 宋杼宸　安　琪　著	透过新任 HR 总经理的眼睛，揭示出沟通与企业文化的关系	有实际指导作用的文化落地读本
	在组织中绽放自我：从专业化到职业化 朱仁健　王祥伍　著	个人如何融入组织，组织如何助力个人成长	帮助企业员工快速认同并投入到组织中去，为企业发展贡献力量
	企业文化定位·落地一本通 王明胤　著	把高深枯燥的专业理论创建成一套系统化、实操化、简单化的企业文化缔造方法	对企业文化不了解，不会做？有这一本从概念到实操，就够了
生产管理	**精益思维：中国精益如何落地** 刘承元　著	笔者二十余年企业经营和咨询管理的经验总结	中国企业需要灵活运用精益思维，推动经营要素与管理机制的有机结合，推动企业管理向前发展
	300 张现场图看懂精益 5S 管理 乐　涛　编著	5S 现场实操详解	案例图解，易懂易学
	高员工流失率下的精益生产 余伟辉　著	中国的精益生产必须面对和解决高员工流失率问题	确实来源于本土的工厂车间，很务实
	车间人员管理那些事儿 岑立聪　著	车间人员管理中处理各种“疑难杂症”的经验和方法	基层车间管理者最闹心、头疼的事，‘打包’解决
	1. 欧博心法：好管理靠修行 **2. 欧博心法：好工厂这样管** 曾　伟　著	他是本土最大的制造业管理咨询机构创始人，他从 400 多个项目、上万家企业实践中锤炼出的欧博心法	中小制造型企业，一定会有很强的共鸣
	欧博工厂案例 1：生产计划管控对话录 **欧博工厂案例 2：品质技术改善对话录** **欧博工厂案例 3：员工执行力提升对话录** 曾　伟　著	最典型的问题、最详尽的解析，工厂管理 9 大问题 27 个经典案例	没想到说得这么细，超出想象，案例很典型，照搬都可以了
	工厂管理实战工具 欧博企管　编著	以传统文化为核心的管理工具	适合中国工厂
	苦中得乐：管理者的第一堂必修课 曾　伟　编著	曾伟与师傅大愿法师的对话，佛学与管理实践的碰撞，管理禅的修行之道	用佛学最高智慧看透管理
	比日本工厂更高效 1：管理提升无极限 刘承元　著	指出制造型企业管理的六大积弊；颠覆流行的错误认知；掌握精益管理的精髓	每一个企业都有自己不同的问题，管理没有一剑封喉的秘笈，要从现场、现物、现实出发

续表

生产管理	**比日本工厂更高效 2：超强经营力** 刘承元　著	企业要获得持续盈利，就要开源和节流，即实现销售最大化，费用最小化	掌握提升工厂效率的全新方法
	比日本工厂更高效 3：精益改善力的成功实践 刘承元　著	工厂全面改善系统有其独特的目的取向特征，着眼于企业经营体质（持续竞争力）的建设与提升	用持续改善力来飞速提升工厂的效率，高效率能够带来意想不到的高效益
	3A 顾问精益实践 1：IE 与效率提升 党新民　苏迎斌　蓝旭日　著	系统的阐述了 IE 技术的来龙去脉以及操作方法	使员工与企业持续获利
	3A 顾问精益实践 2：JIT 与精益改善 肖志军　党新民　著	只在需要的时候，按需要的量，生产所需的产品	提升工厂效率
员工素质提升	**TTT 培训师精进三部曲（上）：深度改善现场培训效果** 廖信琳　著	现场把控不用慌，这里有妙招一用就灵	课程现场无论遇到什么样的情况都能游刃有余
	TTT 培训师精进三部曲（中）：构建最有价值的课程内容 廖信琳　著	这样做课程内容，学员有收获 培训师也有收获	优质的课程内容是树立个人品牌的保证
	TTT 培训师精进三部曲（下）：职业功力沉淀与修为提升 廖信琳　著	从内而外提升自己，职业的道路一帆风顺	走上职业 TTT 内训师的康庄大道
	管理咨询师的第一本书：百万年薪 千万身价 熊亚柱　著	从问题出发，发现问题、分析问题、解决问题，让两眼一抹黑的新人快速成长	管理咨询师初入职场，让这本书开启百万年薪之路
	手把手教你做专业督导：专卖店、连锁店 熊亚柱　著	从督导的职能、作用，在工作中需要的专业技能、方法，都提供了详细的解读和训练办法，同时附有大量的表单工具	无论是店铺需要统一培训，还是个人想成为优秀的督导，有这一本就够了
	跟老板“偷师”学创业 吴江萍　余晓雷　著	边学边干，边观察边成长，你也可以当老板	不同于其他类型的创业书，让你在工作中积累创业经验，一举成功
	销售轨迹：一位快消品营销总监的拼搏之路 秦国伟　著	本书讲述了一个普通销售员打拼成为跨国企业营销总监的真实奋斗历程	激励人心，给广大销售员以力量和鼓舞
	在组织中绽放自我：从专业化到职业化 朱仁健　王祥伍　著	个人如何融入组织，组织如何助力个人成长	帮助企业员工快速认同并投入到组织中去，为企业发展贡献力量
	企业员工弟子规：用心做小事，成就大事业 贾同领　著	从传统文化《弟子规》中学习企业中为人处事的办法，从自身做起	点滴小事，修养自身，从自身的改善得到事业的提升
	手把手教你做顶尖企业内训师：TTT 培训师宝典 熊亚柱　著	从课程研发到现场把控、个人提升都有涉及，易读易懂，内容丰富全面	想要做企业内训师的员工有福了，本书教你如何抓住关键，从入门到精通

续表

营销类：把客户需求融入企业各环节，提供“客户认为”有价值的东西			
	书名．作者	内容/特色	读者价值
营销模式	精品营销战略 杜建君　著	以精品理念为核心的精益战略和营销策略	用精品思维赢得高端市场
	变局下的营销模式升级 程绍珊　叶　宁　著	客户驱动模式、技术驱动模式、资源驱动模式	很多行业的营销模式被颠覆，调整的思路有了！
	卖轮子 科克斯【美】	小说版的营销学！营销理念巧妙贯穿其中，贵在既有趣，又有深度	经典、有趣！一个故事读懂营销精髓
	动销操盘：节奏掌控与社群时代新战法 朱志明　著	在社群时代把握好产品生产销售的节奏，解析动销的症结，寻找动销的规律与方法	都是易读易懂的干货！对动销方法的全面解析和操盘
	弱势品牌如何做营销 李政权　著	中小企业虽有品牌但没名气，营销照样能做的有声有色	没有丰富的实操经验，写不出这么具体、详实的案例和步骤，很有启发
	老板如何管营销 史贤龙　著	高段位营销16招，好学好用	老板能看，营销人也能看
	洞察人性的营销战术：沈坤教你28式 沈　坤　著	28个匪夷所思的营销怪招令人拍案叫绝，涉及商业竞争的方方面面，大部分战术可以直接应用到企业营销中	各种谋略得益于作者的横向思维方式，将其操作过的案例结合其中，提供的战术对读者有参考价值
	动销：产品是如何畅销起来的 吴江萍　余晓雷　著	真真切切告诉你，产品究竟怎么才能卖出去	击中痛点，提供方法，你值得拥有
销售	资深大客户经理：策略准，执行狠 叶敦明　著	从业务开发、发起攻势、关系培育、职业成长四个方面，详述了大客户营销的精髓	满满的全是干货
	成为资深的销售经理：B2B、工业品 陆和平　著	围绕“销售管理的六个关键控制点”一一展开，提供销售管理的专业、高效方法	方法和技术接地气，拿来就用，从销售员成长为经理不再犯难
	销售是门专业活：B2B、工业品 陆和平　著	销售流程就应该跟着客户的采购流程和关注点的变化向前推进，将一个完整的销售过程分成十个阶段，提供具体方法	销售不是请客吃饭拉关系，是个专业的活计！方法在手，走遍天下不愁
	向高层销售：与决策者有效打交道 贺兵一　著	一套完整有效的销售策略	有工具，有方法，有案例，通俗易懂
	卖轮子 科克斯　【美】	小说版的营销学！营销理念巧妙贯穿其中，贵在既有趣，又有深度	经典、有趣！一个故事读懂营销精髓
	学话术　卖产品 张小虎　著	分析常见的顾客异议，将优秀的话术模块化	让普通导购员也能成为销售精英
组织和团队	升级你的营销组织 程绍珊　吴越舟　著	用“有机性”的营销组织替代“营销能人”，营销团队变成“铁营盘”	营销队伍最难管，程老师不愧是营销第1操盘手，步骤方法都很成熟
	用数字解放营销人 黄润霖　著	通过量化帮助营销人员提高工作效率	作者很用心，很好的常备工具书

续表

组织和团队	**成为优秀的快消品区域经理(升级版)** 伯建新　著	用"怎么办"分析区域经理的工作关键点,增加30%全新内容,更贴近环境变化	可以作为区域经理的"速成催化器"
	成为资深的销售经理:B2B、工业品 陆和平　著	围绕"销售管理的六个关键控制点"一一展开,提供销售管理的专业、高效方法	方法和技术接地气,拿来就用,从销售员成长为经理不再犯难
	一位销售经理的工作心得 蒋　军　著	一线营销管理人员想提升业绩却无从下手时,可以看看这本书	一线的真实感悟
	快消品营销:一位销售经理的工作心得2 蒋　军　著	快消品、食品饮料营销的经验之谈,重点突出	来源于实战的精华总结
	销售轨迹:一位快消品营销总监的拼搏之路 秦国伟　著	本书讲述了一个普通销售员打拼成为跨国企业营销总监的真实奋斗历程	激励人心,给广大销售员以力量和鼓舞
	用营销计划锁定胜局:用数字解放营销人2 黄润霖　著	全方位教你怎么做好营销计划,好学好用真简单	照搬套用就行,做营销计划再也不头痛
	快消品营销人的第一本书:从入门到精通 刘　雷　伯建新　著	快消行业必读书,从入门到专业	深入细致,易学易懂
产品	**新产品开发管理,就用IPD** 郭富才　著	10年IPD研发管理咨询总结,国内首部IPD专业著作	一本书掌握IPD管理精髓
	资深项目经理这样做新产品开发管理 秦海林　著	以IPD为思想,系统讲解新产品开管理的细节	提供管理思路和实用工具
	产品炼金术Ⅰ:如何打造畅销产品 史贤龙　著	满足不同阶段、不同体量、不同行业企业对产品的完整需求	必须具备的思维和方法,避免在产品问题上走弯路
	产品炼金术Ⅱ:如何用产品驱动企业成长 史贤龙　著	做好产品、关注产品的品质,就是企业成功的第一步	必须具备的思维和方法,避免在产品问题上走弯路
品牌	**中小企业如何建品牌** 梁小平　著	中小企业建品牌的入门读本,通俗、易懂	对建品牌有了一个整体框架
	采纳方法:破解本土营销8大难题 朱玉童　编著	全面、系统、案例丰富、图文并茂	希望在品牌营销方面有所突破的人,应该看看
	中国品牌营销十三战法 朱玉童　编著	采纳20年来的品牌策划方法,同时配有大量的案例	众包方式写作,丰富案例给人启发,极具价值
	今后这样做品牌:移动互联时代的品牌营销策略 蒋　军　著	与移动互联紧密结合,告诉你老方法还能不能用,新方法怎么用	今后这样做品牌就对了
	中小企业如何打造区域强势品牌 吴　之　著	帮助区域的中小企业打造自身品牌,如何在强壮自身的基础上往外拓展	梳理误区,系统思考品牌问题,切实符合中小区域品牌的自身特点进行阐述
渠道通路	**快消品营销与渠道管理** 谭长春　著	将快消品标杆企业渠道管理的经验和方法分享出来	可口可乐、华润的一些具体的渠道管理经验,实战

续表

渠道通路	**传统行业如何用网络拿订单** 张　进　著	给老板看的第一本网络营销书	适合不懂网络技术的经营决策者看
	采纳方法:化解渠道冲突 朱玉童　编著	系统剖析渠道冲突,21个渠道冲突案例、情景式讲解,37篇讲义	系统、全面
	学话术　卖产品 张小虎　著	分析常见的顾客异议,将优秀的话术模块化	让普通导购员也能成为销售精英
	向高层销售:与决策者有效打交道 贺兵一　著	一套完整有效的销售策略	有工具,有方法,有案例,通俗易懂
	通路精耕操作全解:快消品20年实战精华 周　俊　陈小龙　著	通路精耕的详细全解,每一步的具体操作方法和表单全部无保留提供	康师傅二十年的经验和精华,实践证明的最有效方法,教你如何主宰通路

管理者读的文史哲·生活

	书名.作者	内容/特色	读者价值
思想·文化	**德鲁克管理思想解读** 罗　珉　著	用独特视角和研究方法,对德鲁克的管理理论进行了深度解读与剖析	不仅是摘引和粗浅分析,还是作者多年深入研究的成果,非常可贵
	德鲁克与他的论敌们:马斯洛、戴明、彼得斯 罗　珉　著	几位大师之间的论战和思想碰撞令人受益匪浅	对大师们的观点和著作进行了大量的理论加工,去伪存真、去粗存精,同时有自己独特的体系深度
	德鲁克管理学 张远凤　著	本书以德鲁克管理思想的发展为线索,从一个侧面展示了20世纪管理学的发展历程	通俗易懂,脉络清晰
	王阳明"万物一体"论——从"身体"的立场看 陈立胜　著	以身体哲学分析王阳明思想中的"仁"与"乐"	进一步了解传统文化,了解王阳明的思想
	自我与世界:以问题为中心的现象学运动研究 陈立胜　著	以问题为中心,对现象学运动中的"意向性""自我""他人""身体"及"世界"各核心议题之思想史背景与内在发展理路进行深入细致的分析	深入了解现象学中的几个主要问题
	作为身体哲学的中国古代哲学 张再林　著	上篇为中国古代身体哲学理论体系奠基性部分,下篇对由"上篇"所开出的中国身体哲学理论体系的进一步的阐发和拓展	了解什么是真正原生态意义上的中国哲学,把中国传统哲学与西方传统哲学加以严格区别
	中西哲学的歧异与会通 张再林　著	本书以一种现代解释学的方法,对中国传统哲学内在本质尝试一种全新的和全方位的解读	发掘出掩埋在古老传统形式下的现代特质和活的生命,在此基础上揭示中西哲学"你中有我,我中有你"之旨
	治论:中国古代管理思想 张再林　著	本书主要从儒、法墨三家阐述中国古代管理思想	看人本主义的管理理论如何不留斧痕地克服似乎无法调解的存在于人类社会行为与社会组织中的种种两难和对立

续表

思想·文化	**中国古代政治制度（修订版）上：皇帝制度与中央政府（待出版）** 刘文瑞　著	全面论证了古代皇帝制度的形成和演变的历程	有助于读者从政治制度角度了解中国国情的历史渊源
	中国古代政治制度（修订版）下：地方体制与官僚制度（待出版） 刘文瑞　著	全面论证了古代地方政府的发展演变过程	有助于读者从政治制度角度了解中国国情的历史渊源
	中国思想文化十八讲（修订版）（待出版） 张茂泽　著	中国古代的宗教思想文化，如对祖先崇拜、儒家天命观、中国古代关于“神”的讨论等	宗教文化和人生信仰或信念紧密相联，在文化转型时期学习和研究中国宗教文化就有特别的现实意义
	史幼波《大学》讲记 史幼波　著	用儒释道的观点阐释大学的深刻思想	一本书读懂传统文化经典
	史幼波《周子通书》《太极图说》讲记 史幼波　著	把形而上的宇宙、天地，与形而下的社会、人生、经济、文化等融合在一起	将儒家的一整套学修系统融合起来
	史幼波《中庸》讲记（上下册） 史幼波　著	全面、深入浅出地揭示儒家中庸文化的真谛	儒释道三家思想融会贯通
	梁涛讲《孟子》之《万章篇》 梁　涛　著	《万章》主要记录孟子与万章的对话，涉及孝道、亲情、友情、出仕为官等	作者的解读能帮助读者更好地理解孟子及儒学
	每个中国人身上的春秋基因 史贤龙　著	春秋 368 年（公元前 770 – 公元前 403 年），每一个中国人都可以在这段时期的历史中找到自己的祖先，看到真实发生的事件，同时也看到自己	长情商、识人心
	与《老子》一起思考：德篇 史贤龙　著	打通文史，回归哲慧，纵贯古今，放眼中外，妙语迭出，在当今的老子读本中别具一格	深读有深读的回味，浅尝有浅尝的机敏，可给读者不同的启发
	郑子太极拳理拳法丛书 杨竣雄　著	走进郑子太极拳完整训练体系的大门，随着书中另一主角——师父的课程安排与每日功课的练习	当您学完这套书后，在掌握拳架的同时具备诸多正确的太极理念与系统知识
	内功太极拳训练教程 王铁仁　编著	杨式（内功）太极拳（俗称老六路）的详细介绍及具体修炼方法，身心的一次升华	书中含有大量图解并有相关视频供读者同步学习
	中医治心脏病 马宝琳　著	引用众多真实案例，客观真实地讲述了中西医对于心脏病的认识及治疗方法	看完这本书，能为您节约 10 万元医药费